実戦英語仕事学

木村智重
Tomoshige Kimura

まえがき

羽《はね》を与えたい――。

私たちは2015年4月に幸福の科学大学（仮称・設置認可申請中、以下同）を設立せんとしています。2010年に幸福の科学学園那須本校をつくり、そして2013年に琵琶湖のほとりに関西校を設立しました。学園の創立者である大川隆法総裁は、以前、「学生たちに羽を与えたい。羽をつけてあげたいんだ」と述べられたことがあります。その時、その場にいた私は、その一言に感動し、思わず涙ぐみました。その言葉の中に学生たちに対する愛が満ち満ちていたからです。

今、学園生たちは〝未来の大鷲〟として、那須本校、関西校において、それぞ

※幸福の科学大学（仮称）は、設置認可申請中のため、学部名称も含め、構想内容は変更の可能性があります。

れ勉学に励んでいます。その羽は、今はまだ空を飛ぶには十分ではないかもしれません。しかし、彼らもやがて大学を卒業して、社会に巣立っていくことになります。

この羽は、様々な意味を持っています。真に成功する考え方や豊かになる方法論であったり、実学としての英語力や国際的なコミュニケーション能力、あるいは大学で学ぶであろう専門分野における知識、技術、スキルでもありましょう。

宗教的には、天使の羽に相当するでしょう。人々の幸福のために生きていこうとする「利他・愛他の心」、すなわち、「光の天使、菩薩の心」そのものを象徴していると思います。

本書で採り上げたいのは、様々な羽の中でも、世界に羽ばたくための大きな翼となる「英語力」です。

本書は、若い世代の人たちが、近い将来、世界を舞台に活躍していくために必要となる〝実戦英語〟について、私の個人的な体験も踏まえて解説したものです。

英語は、皆さんの夢を叶える力になります。人生を切り拓く大きな武器にもなるでしょう。この書が人生や仕事を成功に導く何らかの参考になれば幸いです。

２０１４年8月24日（ハッピーサイエンスＵＳＡ創立満21周年記念日に）

木村智重

実戦英語仕事学　目次

第1章 夢を叶える英語力

第2章 英語で人生は何倍にも豊かになる！

第3章

英語力の高め方

第4章

実戦英語仕事学①

国際ビジネスで活躍するためには

第5章

実戦英語仕事学②

国際伝道師として活躍するためには

第6章　未来を創るための英語力

第 1 章

夢を叶える英語力

実戦英語仕事学とは何か

「実戦英語仕事学」のテーマは、「英語を使っていかに仕事ができるようになるか」ということです。単に「自分の英語が相手に通じるレベル」ではなく、「プロの仕事として通用するレベル」になるという意味です。

いきなり「プロレベル」と言うと、英語が苦手な人は「自分にはとても無理だ」と思うかもしれませんが、大丈夫です。いずれ英語を武器に仕事をしてみたいと思う人であれば、たとえ今は苦手であっても、誰でもプロレベルに到達することは可能です。志が本物で、適正な努力を続けることができれば、実戦で英語を使って活躍することができます。本書では、そのために必要な心構えや勉強法を整理してみました。

日本人は英語が下手だと言われます。その理由を大川隆法総裁は、次のように分析しています。

日本人が英語が下手な理由は何かというと、日本が自国語で学問ができる先進大国であることなのです。これは間違いありません。

日本では、日本語だけで、ほとんど用が足ります。日本語で、学問ができ、仕事ができるため、それで、ほとんど完結しているのです。

しかし、昔からそうだったわけではありません。明治のころは、新しい学問そのものが西洋のものであり、日本語に翻訳されていなかったので、勉強をするにあたっては、横文字の本を読まなければなりませんでしたし、西洋から招聘《しょうへい》してきた先生に教壇に立ってもらい、英語などによる講義を受けなければならない時代だったのです。

それが、一世代を過ぎると、優秀な人たちが次々と西洋に留学しては帰ってきて、本を翻訳したり、それについて日本語で講義したりできるようになってきました。そういうかたちで、日本語でほとんど用が足りるようになってきたわけです。

そのように、いまの日本では、それほど英語を使わなくても済むため、それで日本人の英語の能力が遅れている面があるのです。日本人がもともと語学的才能で劣るわけではありません。

『青春の原点』31 - 32ページ

いまさら英語？　いまこそ英語

つまり、英語に対して強いニーズさえあれば、英語はできるようになるわけです。

実際に、母国語で十分な勉強ができない発展途上国の人たちは英語がよくできますが、それは英語ができないと学問を修得できないからでしょう。

では、日本語だけで勉強も仕事もできるのに、わざわざ日本人が無理して英語を学ぶメリットやニーズは今後あるのでしょうか。大いにあります。

なぜなら、これから、否応《いやおう》なしに、あらゆる分野において、さらなる国際化、グローバル化が加速化していくことが、予見されるからです。5年前ぐらいから、急速に世界が一つになってきています。世界の動きを知っていないと仕事ができなくなってているのです。会社の規模を問わず、業界を問わず、世界各地で起きる一つの事件や一つの発見が、日本国内の中小企業の業況にまで影響を与えています。情報によってマーケットが変化していくことで、従来の投資分析手法であるファンダメンタル分析やテクニカル分析は無力化しています。情報の共有を通して、地球が一つになってきているのです。それを結びつけている言語が、英語です。

また、日本の国際競争力の低下は、ゆとり教育の中での英語力の低下と連動していると指摘されています。例えば、日本の家電メーカーが韓国のサムスンに世界各地で駆逐されているのも、英語力の差によるところが大きいと言われています。サムスンに入社するにはＴＯＥＩＣ９００点が必要ですが、それでも中級扱いです。サムスンの社員は英語圏に行って直接売り込めます。英語を使った営業力、交渉力において、日本人は相手にならないでしょう。

そのような時代に、世界を相手に戦うには、英語力を磨かざるを得ないのです。30年前であれば、アメリカに行けば日本の10年先の未来が見えると言われていました。最近は、その差が小さくなって、今では、３年先が見えるといったくらいでしょうか。分野によっては、すでに日米は逆転したとも言われています。しかし、英語ができれば、アメリカのみならず世界のどこにでも行くことができ、世界の様々な人々と交流することができます。

英語という言語の優位は当面揺るがないでしょう。世界言語（世界公用語）としては、英語が一番便利であることは自明です。

英語は、ＡからＺのアルファベットわずか26文字で成り立っており、それですべてを表現できます。地球においては、他言語と比べても、極めてシンプルで、美しい言語です。宇宙人が地球に来たら、おそらく、一番学びやすい言語であろうと推測されます。

日本語を世界中で通用するようにしたいという願いはありますが、日本語は世界でも最も難解と言われる言語です。現実には、日本語が世界に広がることは難しいでしょう。

今、日本人にとっての英語の必要性が、マクロ的に見ても大きく変化してきています。

私は、日本における英語必要性の発展段階は、三段階目に入っていると考えています。

第一段階は、ペリーの黒船来航以来、戦前に至るまで、英語を通して、欧米から新しい学問や技術を学んだことです。

第二段階は、戦後、アメリカを中心とした諸外国と、英語を使って貿易することで、経済繁栄を実現してきたことです。

そして、現在が第三段階です。第三段階とは、英語を使って、日本の立場や考え方、思想や文化を世界に発信していく段階です。したがって、これからの英語力は、第一、第二の段階の分野を進めつつ、〝発信型〟の英語力が求められるようになっていくはずです。

単なる〝英語屋〟は真の国際人材ではない

大川総裁は、英語教育について、次のように述べています。

十年間も英語の教育を受けたら、普通は、きちんと使えるようになりそうですが、英検の一級を取ったとしても、「ハリウッド映画を見て、英語の台詞《せりふ》を聴き取れるのは、だいたい五十パーセントから六十パーセントぐらいではないか」と言われていますし、「ＣＮＮやＢＢＣのニュースを見ても、全部は聴き取れない」と言われています。

しかし、「CNNやBBCのニュースが世界各地で放送されている」ということは、「その国の人たちが、その英語を聴いて、かなりのところまで分かる」ということを意味しているのです。

それらのニュースを見ていると、世界各地の人たちが、インタビューを受けて、英語で答えています。実際に話している英語を聴いてみると、アフリカの人たちであっても、十分な英語を話しています。もちろん、香港はキーステーションになっているので、香港の人たちは英語を話していますし、インドの人もフィリピンの人も英語で話しています。

ところが、日本だけは、日本人が出てきて答えてくれないのです。私は、もう、ずいぶん長く見ているのですが、日本人は、ほとんど出てきません。その代わりに、日本にいる中国人が出てきます。日本経済の解説をするのに中国人が出てくるのです。レポーターは中国人です。CNNのレポーターと

して、中国人が出てくるのです。（中略）

英語を使って自分の思想なり考え方なりを主張できる日本人は、あまりいません。内容的な問題も当然あると思うのですが、国際社会を念頭に置いて、考え方をまとめている日本人は、あまりおらず、さらには、「それを英語で発表し、自分の意見を世界に知らせる必要があるのだ」ということにも気がついていないのです。

『幸福の科学学園の目指すもの』34‐37ページ

幸福の科学学園では、こうした考え方の下で、「国際的なリーダーを育てる」ことを、大きな目標に掲げています。国際的なリーダーとは、日本をもう一度復活させ、世界のリーダー国家とし、世界そのものを繁栄の未来へと導いていくような人材です。そのような国際的なリーダーを育てるのが幸福の科学学園の使命です。

２０１４年４月の当学園の入学式の法話「世界に羽ばたく大鷲を目指して」に

おいて、大川総裁が「人づくりが、すなわち国づくりであり、世界づくりにもなっていく」と述べた通りです。

真のリーダーとは、幸福の科学学園が教育方針として掲げている、「高貴なる義務を果たす徳ある英才」です。「自分のために世界がある」のではなく、「世界のために自分がある」と考える人材です。自分の才能や個性を、日本や世界の人々のために役立てようと願う人です。

したがって、単に英語を話せるようになればよいわけではありません。リーダーとして優れていて、知識や教養、見識のある国際人材を養成したいのです。大川総裁は次のように指摘しています。

語学だけの語学を身につけた、単なる語学屋では駄目なのです。中身がなく、通訳程度の翻訳機能だけを身につけた語学屋では、「あなたの意見は?」と言われたときに何も言えません。「他の人が言ったことを通訳することはできます」という通訳屋は、たくさんいると思いますが、それだけでは通用しないのです。やはり、自分の考えを言えなくてはなりません。

それは、「日本語での知識や教養、見識がある」ということであり、日本人としても一流であることを意味していますが、同時に、それを英語でも言える人材をつくることが大事です。中身があって、さらに、それを英語で言えなくてはならないのですが、そのレベルに要求される英語力は、かなり高いのです。

『幸福の科学学園の目指すもの』43‐44ページ

5年飛び、10年飛びの英語力も珍しくない幸福の科学学園

幸福の科学学園では、そのような国際人材を育てるために、まず海外への眼を開かせようと、中学3年生はオーストラリアに、高校1年生はアメリカ（那須本

校はニューヨークとボストン、関西校はロサンゼルスとサンフランシスコ）に、全員を海外研修に行かせています。すると、英語に自信がある生徒でも、全く歯が立たず、まだまだ力不足であることを痛感します。同時に、国際人材になるためには、さらなる努力が必要だと奮起する機会ともなります。

もちろん、普段からの英語学習にも力を入れています。その結果、まだ開学5年目に過ぎないのですが、中学2年で英検2級、準2級は珍しくありません。中には中学1年で準1級を取った生徒もいます。英検2級は高校卒業程度、準1級は大学中級程度ですから、5年飛び、10年飛びといったレベルの英語力を身につける生徒が続々と出てきているのです。

ＴＯＥＩＣ平均７３０点を想定する幸福の科学大学

２０１５年４月に開学予定の幸福の科学大学（仮称・設置認可申請中、以下同）

は、人間幸福学部、経営成功学部、未来産業学部の3学部で開学する予定です。国際ビジネス、国際伝道で活躍する人材だけでなく、理系の研究者・技術者も、日本にとどまることなく、海外の大学や最先端の研究所と交流できるような人材に育てたいと考えていますから、当然、英語に力を入れることになります。

1年次は、英語総合プログラムを全員が受けるほか、課外授業でも英語教育のプログラムを充実させます。TOEIC目標値は全校生徒の平均で730点、アドバンスト組は900点を超えることを想定しています。英検1級も取得させようと計画しています。

このように英語教育に力を入れることで、学生たちの夢を叶える大学でありたいと思います。

2009年9月に、当時、幸福の科学の国際本部長だった私は、インド視察後の報告に、大川総裁と面談し、「やがて、インドも含め、世界各国の青年たちが、幸福の科学大学に留学してくるでしょう」という説明をしました。その時、大川総裁は遠くを見るような目をして、「夢が実現していくな」とつぶやきました。その時の表情が忘れられません。それから5年が経ち、幸福の科学大学が来年4月に開学する予定です。私たちは今、大川総裁と同じ夢を見て、同じ夢を追っています。しみじみ幸福なことだと思います。

余談になりますが、ニューヨークで、幸福の科学USA（現ハッピーサイエンスUSA、Happy Science USA）の設立を目指していた時、私の夢は、「一生に一度でいいから、大川総裁と直接、話がしてみたい」というものでした。今の私の現実は、当時の夢を遥かに超えています。現実が夢を超えることがある。不思議な感覚に打たれます。

夢は実現するためにある

英語を勉強するにあたっては、「自分の夢は何か」を明確にすることが大切です。

英語は、必要を感じなければできるようにはなりません。逆に、必要を感じて勉強する時、その力は本物になっていきます。

したがって、「自分は何のために英語を学ぶのか」、その未来設計をできるだけ明確にすることです。

未来の自分の姿をありありと心の中に描いてもよいでしょう。1年後の姿、5年後、10年後の姿。未来の自己像です。

私が英語の必要性を初めて感じたのは、おませなことに小学6年の時にダスティン・ホフマン主演の「卒業」という映画を観た時です。映画のシーンでカリフォルニア大学バークレー校の雰囲気に魅《ひ》かれて、「アメリカの大学を見てみたい」と思ったのです。この夢は、大学生の時に叶いました。一人でアメリカを一周旅行して、様々な大学を見て回ることができたのです。

実際にアメリカの大学を訪れ、学生たちと交流すると、今度は「アメリカの大学に留学したい」と思うようになりました。すると、海外に留学できる銀行に就職でき、エール大学に留学することができました。実際に留学してみると、今度は世界経済の中心であるニューヨークで、世界を股にかけた仕事をしてみたいと強く願うようになりました。

すると、その後、ニューヨークで国際金融の仕事に携わることができたのです。その時に幸福の科学USAを立ち上げたのですが、海外伝道の喜びを実感しました。さらには、出家（幸福の科学に奉職《ほうしょく》すること）して、世界伝道講師や国際本部長として、海外を飛び回ることになりました。

自分の夢を明確にして、新しいステップに踏み出すと、やがて、次のステップが見えてきて、夢が実現していく――振り返ってみると、私の人生はその繰り返しでした。夢を夢のままにしておくのは、夢のない話です。夢は実現するためにあるのです。夢は叶えてこそ、面白いのです。

したがって、まず「魂《たましい》のうずき」が大切です。英語を使って何をしたいのか。何か魂のうずきを感じるのであれば、たとえその全貌は見えなくても、最初の夢の実現を目指して、英語の勉強を進めていくべきです。

一つのヒントとして、「どの偉人に惹かれるか」ということがあるでしょう。例えば、幸福の科学学園では、探究創造科で「偉人の研究」をしています。強く憧れる偉人がいるなら、それは、自分の中に、その偉人に強く共鳴するものがあるということです。自分の魂が偉人と呼応すること自体が、一つの才能であり、その偉人のようになれる素質が宿っていることを意味しています。

英語を使って、どのような活動をしたいのか。外資系企業や多国籍企業に勤めて海外で活躍したいのか。起業して一代で世界的企業を創りたいのか。日本の首相となって世界の指導者とともに、地球の未来を創造していきたいのか。科学者や研究者として、新しい発明・発見をし、学会や記者会見で、英語で発表し質疑応答をしているような自分を思い描くのか。あるいは、国際伝道師として地の果てまでも伝道してみたいのか。こういったビジョンがありありと心に思い浮かぶのであれば、それが魂のうずきであり、皆さんのミッション（使命）でもありましょう。

幸福の科学大学の卒業生たちが、やがて宗教のみならず、政治、経済、国際ビジネス、外交、教育、科学、芸術、医学、ありとあらゆる分野で活躍する時代がやってきます。皆さんが自由に伸び伸びと、その個性や才能、天分を最大限に発揮する中で、大いなる繁栄が生まれてきます。私たちは、そのような百花繚乱《ひゃっかりょうらん》に煌《きら》めくような未来を創造していこうと決意しているのです。

舞台は世界です。小さな日本だけに安住する必要はありません。外へ出て行くことです。地球そのものを足場にして、宇宙時代を迎えてほしい。そのための武器として、世界に羽ばたく翼として、英語力を身につけて頂きたいと考えています。

第2章

英語で人生は何倍にも豊かになる！

英語を学ぶことの功徳

英語について、大川隆法総裁は、『英語が開く「人生論」「仕事論」』のまえがきで、次のように述べられています。

英語は実にいい。美しく進化した言葉だ。しかも新しい能力を開発し、人生に未来を開いてくれる。世界的に不況の今、英語が使えるということがどれほど心強いことか。英語はあなたに、新しい人生観、世界観を与え、世界人としての自覚を促してくれる。

『英語が開く「人生論」「仕事論」』まえがき

まさしく、この通りです。英語を学ぶことで、①世界に視野が広がり、②世界から学べ、③世界で活躍できるチャンスが巡ってきます。

すなわち、①英語ができれば、世界のどこへでも行け、世界中の多様な人々とも交流できます。逆に日本の素晴らしさもよく分かります。さらに、②英語で、人類が築き上げてきたあらゆる学問や知識、最先端の科学技術も学ぶことができます。世界各地の情報もリアルタイムで入手できます。③英語で、国際的なビジネスや経営、外交や政治、学問研究、伝道等、世界を舞台にした活躍が可能となります。世界は広いし、人を求めています。地平が広がることで、できる仕事の可能性が増えていくのです。

私自身、英語のおかげで人生が開け、人生経験が何倍にもなりました。人生が豊かになり複線化できたのです。大きくは三つの経験があります。

一つ目は、エール大学経営大学院に2年間留学し、MBAを取得したことです。

二つ目は、銀行員として、5年半ほどニューヨークで国際金融の仕事をしたことです。幸福の科学の信者として、幸福の科学USAの設立に奔走《ほんそう》したのもその頃です。

三つ目は、幸福の科学で海外伝道に従事したことです。第1号の世界伝道講師として、その後、国際本部長として海外を回りました。直近では、北米本部長としてニューヨークを拠点に、アメリカとカナダにおける布教活動も担いました。これにより通算約10年、アメリカの東海岸に滞在したことになります。

もっとも、大川総裁の英語テキスト『黒帯英語』シリーズ（注1）を勉強していると、そのレベルがあまりに高く、私の英語力はまだまだ不十分であり、「道なお遠し」の感を強くします。しかし、生粋の日本人で、英語圏に生まれ育ったバイリンガルでも帰国子女でもない普通の日本人に過ぎない私が、平凡ながらも努力を続け、海外で仕事ができるようになった経験は、海外で活躍したいと願う学生や青年たちの何らかの参考になるのではないかと思います。

英語に目覚めた二つのきっかけ

そこで、第2章では、英語に関する個人的な経験をお話しします。英語の功徳を理解するには、やはり具体的なエピソードを紹介したほうが分かりやすいでしょう。

私は英語とは全く無縁な環境で育ちました。大学生になるまで外国に行ったこともありません。将来、英語を使って仕事をするなどといった大それた夢を持っていたわけでもありません。

実際、小学生の頃に私の知っていた英語はカタカナで、イエス、ノー、グッドモーニング、ハローぐらいでした。キリスト教のイエス様は、「何でもイエスと言ってくれる優しい神様だからイエス様と言うんだ」と本気で勘違いしていました。ですから、イエス様は英語でJesusであり、Yesではなかったことを知った時は、少しショックでした。

私が小学校に上がる頃には、両親の仕事が忙しくなって、ほったらかしにされていました。小学1年の時に自分の傘の名札に名前を書くのですが、他の生徒は皆、自分の名前を書いているのに、私は「きむらともしげ」という平仮名が書けなくて、代わりに自分の似顔絵☺を書いていたくらいです。それを見た母親が「ああ、もうちょっと教えていたらよかった」と不憫《ふびん》がりました。日本語も出遅れた、ごく普通の子供でした。

そんな私が英語に目覚めた原体験が二つあります。

一つは、1970年の大阪万国博覧会です。私が小学6年の卒業間近の頃です。大阪生まれの大阪育ちですから、何度か行きました。アポロ12号が月から持ち帰った「月の石」がアメリカ館に展示されていたのですが、長蛇の列になるほどの人気でした。このアメリカ館の中でうろうろしていたら、アメリカ人のスタッフが日本語で話しかけてきたのです。「アナタ、英語、話セマスカ?」と。私は、初めての「ガイジンとの遭遇」にすっかり慌ててしまい、「ノー、ノー、ノー!」と言ったのですが、「今、英語、話シテルジャナイ」と言われました。

実は、この時、初めてガイジンと話したことに、いたく感激したのです。今でも、そのニコニコ笑っている誠実そうなアメリカ人の顔を覚えているぐらいですから、よほどの感激だったのでしょう。

もう一つは、これも小学生の頃の話ですが、テレビで仏教学者の鈴木大拙《だいせつ》が英語で禅を説いている姿を見たことがあります。

鈴木大拙は禅の魅力を海外に伝えたことで有名な人です。テレビでは、アメリカ人の若い男性に向かって、老齢の鈴木大拙が「禅とは何か」について英語で説明をしていました。それを、アメリカ人が一生懸命に聞いている姿に、なぜか大きな感動を覚えたのです。この姿は、時折、脳裏に蘇ってきました。

テキストを絞って繰り返し勉強した大学受験

小学生の時にこの二つの原体験があったためか、中学に上がって英語を学び始めると、面白く感じました。

教材は一つか二つに絞り込んで、同じものを繰り返しやるというスタイルで勉強していました。拡散しないで絞り込むやり方は、その後の受験勉強でも続けました。

ただ、発音については、LとRの発音で、舌を上につけるか、つけないかぐらいは聞いたような気もしますが、発音を矯正してもらった覚えはなく、周りも皆、デタラメに発音していました。公立の中学校で、先生自身がうまく発音できなかったのではないかと推測しています。

高校は大阪府立大手前高校に通いました。高校時代の受験勉強に関しては、大学に現役で入ることを目標に、自分なりに工夫して、極めて合目的的な勉強をしていました。最近のように、受験勉強法やその技術が出回っているような時代ではなかったのですが、大手前高校は進学校だったので、その指導を信じて、素直に取り組みました。大手前高校からは当時、毎年80～90人が京大に受かっていたので、「京大合格に必要なもの」についてのノウハウは確立していたのでしょう。あとは、自分の能力と持ち時間を考え、無駄を省いた勉強法でした。無駄だと思ったら、早めに見切りをつけて、受験勉強における「ムダ取り」はしていました。今風に格好よく言えば、受験勉強での「選択と集中」あるいは「集中と見切り」でしょうか。

大学受験においても、基本的に高校で指定された英語教材のみ勉強しました。ちなみに大学受験用に与えられ、各学期の中間試験、期末試験の範囲になっていたのは、英文解釈は原仙作著『英文問題標準精講』（旺文社）、英文法は江川泰一郎編『英文法問題の考え方』（文一総合出版）、英作文は毛利良雄著『英作文の公式と用語』（研究社）です。後の2冊は、今はないでしょうが、とても薄い携帯本でした。この3冊に自分で選んだ森一郎著『試験に出る英単語』『試験に出る英熟語』（青春新書）の2冊を加えて、計5冊をボロボロになるまで繰り返しました。特に英文法と英作文の例文は、短くキチッとした基本文だったので、何度も読み込んで丸暗記しました。これが大変力になりました。

やはり、「型（パターン）を覚える」ことが、まずはベースになるでしょう。単語は、発音しつつ、紙に書いて、目と口と耳と腕を総動員して覚えていました。できるだけ、問題集や参考書の余白に、関連して覚えるべき追加の英単熟語や英文表現をビッシリと書き込んで、それ一冊で、学びが完結できるようにしていました。ある意味、一冊主義です。

今と違い、電子辞書などはなかったので、研究社の『新英和中辞典』に線を引いて、辞書を引くたびに、そのページの線を引いている箇所を全部見直したりして、極めてオーソドックスで地道な勉強方法を取っていました。

結果として、京都大学法学部に上位で現役合格することができました。公立高校でしたが、塾にも予備校にも行かずに受験に成功できたのは、大手前高校の先生方のおかげです。当時の公立学校の指導レベルは極めて高かったのでしょう。このような勉強法でしたから、当時、受験勉強そのものが、教養主義の基礎になるというような自覚はありませんでした。
ただ、『英文問題標準精講』という教材は、よくできており、教養の詰まった良い英文がたくさん収録されていました。例えば、次のようなニュートンの有名な言葉です。「神の創造の業の前で、いかに自分の仕事が小さいか」を語ったものです。

“I do not know what I may appear to the world, but to myself I seem to have been only like a boy playing on the sea-shore, and diverting myself in now and then finding a smoother pebble or a prettier shell than ordinary, whilst the great ocean of truth lay all undiscovered before me.”

（私は自分が世間の人の目にどう見えるかは知らないが、私自身には、海浜で遊んでいる少年が、真理の大海はまったく未開のままで眼前に横たわっているのに、ときおり、普通よりもなめらかな石や、美しい貝殻を見つけて、楽しんでいるようなものに過ぎなかったように思われる)

またナポレオンを破ったイギリス屈指の軍人であるウェリントン公の"Habit a second nature! Habit is ten times nature."(習慣が第2の天性だと! 習慣は天性の10倍も力強いのだ)という言葉も、よく口ずさみ、その後の人生の指針にもなりました。

今であれば、自分の実力と志望校のレベルに合った大川総裁の英語の参考書や問題集を繰り返しやれば、十分でしょう。字体も大きめなので、読みやすく、長く使えます。

英文法は人生で3回くらい、締め直せと言われていて、私も、現在、大川総裁の英語教材を使って、一からやり直しているところです。

アメリカの旅で、心に残った“You, too!”という表現

大学時代は、家庭教師のアルバイトで高校生に英語を教える以外には、特に英語の勉強はしませんでした。

しかし、ある時、高校時代の友人から「アメリカにツアーで行ってきた」という話を聞いて、「あいつに行けるなら、俺でも行けるはずだ」と思って、急に昔の夢が現実味を帯びてきました。それで一人でアメリカ一周の旅行計画を立てたのです。大学3年の21歳の時です。

サンフランシスコから入って、全米にネットワークがあるグレイハウンドバスというバス会社の乗り放題パスを購入し、1カ月あまりかけて全米を一周しました。その間、いろいろな大学を訪れました。ハーバード、コロンビア、UCLA、UCバークレー、シカゴなど主要な大学を見たことで、「いずれ、アメリカに留学しよう」と決意を固めました。

私は、ロックやリズム&ブルースが好きだったので、ナッシュビルに立ち寄った時に、ギブソンの1919年製の中古のアコースティック・ギターを買いました。ワシントンD.C.にいた時ですが、バスターミナルでニューヨーク行きのバスを待っていると、私と同じようにギターケースを持った青年が話しかけてきました。互いにギターを持っていますから、当然音楽の話になりました。当時、私はアメリカン・ミュージックに通じており、英語は下手でしたが、ウッドストック音楽祭やライ・クーダー、ボニー・レイット、デュアン・オールマンのことなど音楽の分野だと話が弾みました。

すっかり意気投合したのですが、別れ際に私が“Have a good trip!”(良い旅を!)と言葉を投げかけると、彼は振り返って、“You, too!”と力強く答えたのです。ジーンときました。「お前もな!」といった意味ですが、それまで、このわずか二言の単純な表現を聞いたことはありませんでした。思いが込もっていれば、簡単な表現であっても大いに人の心を打つものです。

大学時代には、インド・ネパールも一人で放浪して、英語ができれば、世界を旅できると実感しました。

発音の大切さに目覚めた〝四谷の屈辱〟

私の母方の祖父母は二人とも教師で、親戚にも教員が多く、祖父は愛媛の師範学校を出て、小・中学校の校長先生をしていました。その影響もあり、私も教育については強い関心を持っており、京大時代に、社会科の教員資格（高等学校と中学校）を取得しました。

大学4年の21歳の時に、母校の大手前高校に社会科の教育実習に行き、英語の教育実習に来ていた現在の妻と出会いました。大学の友人たちからは、「お前は、何のために教育実習に行ったんや」と揶揄《やゆ》されていました。

しかし、留学して海外で仕事がしたいという思いも強く、結局1980年に京大を卒業し、東洋信託銀行（現・三菱ＵＦＪ信託銀行）に入行しました。人を育てることに非常に熱心な銀行で、３カ月の新入行員合宿研修で、不動産鑑定士２次試験と宅地建物取引主任者試験にも合格しました。また毎年３〜４人を海外にＭＢＡ留学させていました。私の代は同期が38人でしたが、私を含めて同期の５人がＭＢＡ留学しています。こんな比率で留学させる銀行はほかになかったはずです。

３年目からの社内選抜試験に受かり、アメリカの経営大学院留学の準備に入りました。１９８２年の秋から、半年間、四谷にある日米会話学院に通いました。当時、老齢の板橋並治《なみじ》学院長が、〝An education is a very special and peculiar sort of possession.〟から始まる文章を、各人に声を出して読ませて、発音チェックと矯正指導をしていました。私がそれを読み終えたら、一言、「お粗末様でした！ では次の人」と言われ、矯正の指導もされませんでした。最初から最後まで、直しようがないほどヒドい、救済不能という判定だったのでしょう。私は「授業料を払っているのに、顧客サービスがなっとらん。ちゃんと教えんかい」と憤慨しましたが、次の人が流暢《りゅうちょう》な発音で読み始めたので、言うのを止めました。

考えてみれば、それまで授業で発音の指導を受けた覚えもなく、RとLの違いも意識せず、舌を噛むth音もできず、自分流に発音していました。私の発音については、すでに結婚していた妻から「今のままでは通じない」とよく指摘されていたのですが、無視していました。しかし、この〝四谷の屈辱〟の後、妻は正しかったと反省し、素直に教えを乞うことにしました。妻は通訳ガイド試験や英検一級にも合格し、通訳ガイドをしたり、大手前高校で英語を教えていたので、弟子の礼を取って、教えてもらうことにしました。悔しさがバネになったところはあります。結局、「俺は日本人だ。日本人英語のどこが悪い」と息巻いても、通じないものは通じません。「通じなければ、意味がない」と観念して、素直に学ぶことです。

奇跡的にエールに合格する

アメリカのビジネススクールに応募するには、ＴＯＥＦＬとＧＭＡＴ（Graduate Management Admission Test）を受ける必要があります。試験対策としては、当時、代々木にあったＴＯＥＦＬ ＡＣＡＤＥＭＹの夜間のＧＭＡＴコースに1カ月だけ通いました。ＴＯＥＦＬとＧＭＡＴの正確な点数は忘れましたが、確か、申請時のＴＯＥＦＬの点数はＰＢＴ（大学レベルの英語力を測定する筆記試験）で必要最低点の６００点（６７７点満点）に届かなかったし、ＧＭＡＴではひたすら数学で点を稼いでいたと記憶しているので、エール（Yale University）には、英語に関しては、最低点でギリギリ入学を許可されたのだと思います。エールの公式ウェブサイトによれば、エール入学者のＴＯＥＦＬの平均点はＰＢＴで６５７点であって、当時も最低６００点が足切りラインとなっていました。私がエールに入学できたのは、今から振り返っても、奇跡、あるいは天上界の計らいであるとしか考えられません。入学してから、アドミションズ・オフィス（入学事務局、Admissions office）のディレクターに、「なぜ、最低点に届かなかった私を受け入れたのか」と聞いたら、「審査員の教授たちが、皆、君のエッセイを読んで、こいつは面白そうだから、採ろうということになったんだ」と笑っていました。

推薦状は3通用意し、銀行の上司と、京大の民法ゼミの指導教官であった前田達明教授と、同じく民法の北川善太郎教授にお願いしました。前田先生からは、エール留学時に「不貞行為に基づく損害賠償請求」についてのアメリカの判例を収集して送ってほしいという依頼があり、エールのロースクール（法科大学院）の図書館で調べて、その資料を送ったこともありました。有難いことに前田達明著『愛と家庭と』（成文堂）の中で、謝意を述べられていましたので、少しは恩返しができたかと思います。

この留学の試験対策勉強あたりから、英語を日本語に翻訳し直して理解する「受験勉強的な英文和訳」の段階から、本格的に「直読直解型」に移行したと思います。とにかく時間内に問題を解かなくてはいけなかったので、英語の語順のまま英語で理解していく直読直解型の訓練で、英語力のステージが上がりました。つまり、日本語の回路を通さず英語のままで理解できるようになり、話す時も、日本語で考えてから英語に直すのではなく、英語で考えて、そのまま話せるようになってきました。英語脳が形成され始めたのでしょう。

エール大学で学んだこと――神学と経営学の間で

1983年5月にアメリカに渡りました。有難いことに、いきなりMBAコースはきついかもしれないからと、銀行は3カ月間、プレMBAコースのエコノミック・インスティチュート（Economic Institute、コロラド州ボウルダー）に通わせてくれました。コロラド大学（University of Colorado）の寮に住み、各国からの留学生たちと親交を深めました。夏のボウルダーは透明な空気と美しい緑に包まれ、天国のようなところでした。

１９８３年９月から１９８５年５月まで、２年間のＭＢＡプログラムとして、私は、エール大学経営大学院（Yale School of Management = Yale SOM と呼ばれる）で学びました。当時は、自分が後に宗教者になるとは思いもしませんでしたが、エールはもともと神学校です。

アメリカの代表的大学として、東部のアイビーリーグ８校がよく挙げられます（私はエール時代に８校すべてを視察しました）。その中でもハーバード（１６３６年創立）、エール（１７０１年）、プリンストン（１７４６年）の３校が、最も古い大学「ビッグ３」と言われています。いずれもアメリカ独立（１７７６年）以前のイギリスの植民地時代に創られた大学です。"Education in colonial America is the child of religion."（植民地アメリカの教育は宗教の子であった）と言われる通り、３校とも、主として、聖職者、つまり牧師たちの養成を目的として創立されたものです。したがって、教師は学長をはじめ、ほとんどが牧師でありました。キリスト教信仰に基づいて創立された証として、今でもハーバードの印章には、ラテン語で「真理」という言葉が入っていますし、エールの印章には、ラテン語とヘブル語の「光と真理」という言葉が聖書を開いた両ページに記されています。

エールでは、神学から様々な学問分野へと発展してきた歴史もあって、またアカデミックな気風への誇りもあって、なかなかビジネススクールの設立を認めようとはしませんでした。平たく言うと所詮「金儲け」が目的の機関ではないかという大学人特有の蔑視《べっし》感情もあったのでしょう。ハーバード・ビジネススクール（HBS）は1908年創立ですが、エールの経営大学院は1976年創立でした。私は8期生として1983年に入学し、卒業は1985年です。それゆえ当時、教授陣（faculty）の中には、「自分たちの置かれている立場が、大学共同体の中では肩身が狭い。なかなか学問の砦の中に、受け入れてもらえない」とこぼしている人もいました。（ちなみに、プリンストン大学では、いまだにビジネススクールは創られていません）。

イエスは「富める者の天国に入るよりは、駱駝《らくだ》の針の穴を通るほうがかえって易しい」や「カイザルの物はカイザルに。神の物は神に」と語っています。マックス・ヴェーバーが『プロテスタンティズムの倫理と資本主義の精神』で指摘している通り、カルヴァンによる宗教改革以降、西洋において資本主義が進展してきましたが、2000年前のこととは言え、イエスの教えを素直に読む限り、経済的繁栄は肯定されていません。その対立が、ある意味、大学の中で、神学を中心とする伝統的な学問と新しい経営学とが綱引きをしているような緊張感となって流れていました。

その中で、後発のエールは、新しいマネジメントスクールとしての構想を打ち出します。HBSやペンシルバニア大ウォートン校など、従来のビジネススクールでは見られなかった、官・民ともに、どのような組織にも通用する指導者を養成するという構想です（この構想は、その後他の多くのビジネススクールにも採り上げられることになります）。学位の名称は、Master of Public & Private

Management（ＭＰＰＭ）という世界で唯一のものでした（１９９８年からは、ＭＢＡ〔Master of Business Administration〕とも言えるようになりました）。

ＳＯＭは少人数制で、私のClass of 1985では、１５６名が入学し、男女半々、私企業と公的機関（官公庁や非営利法人）からの出身割合も半々という特殊な学生構成で、教授陣は「これは実験だ」と言っていました。Ｐ・Ｆ・ドラッカーが『非営利組織の経営』（原書は１９９０年発刊）を書くよりもずっと前のことですから、先見性があったと言えます。卒業生たちが民間に就職後、一定の実績をあげてから公共の分野に転職し、社会貢献を目指すのも同校の大きな特徴です。私も銀行に戻った後、幸福の科学の僧職者になりましたから、私の例もこれにあたるでしょう。

当時のＳＯＭのDean（大学の部門責任者）は、「ウォール街のランダム・ウォーカー」（A Random Walk Down Wall Street）で有名なバートン・マルキール（Burton G. Malkiel）でした。またアイビーリーグ史上最も長い１９９３年から

２０１３年の20年間、エール大学の学長を務めたリチャード・レビン（Richard Levin）も、当時はＳＯＭで経済学を教えていました。

今年、ＳＯＭは新校舎を完成させ、定員を４００名まで増やしたところを見ると、エールの中でのビジネススクールの位置づけや考え方も大きく変わったのだと思います。

幸福の科学大学では、イエスの教え自体に由来する、この宗教と経営の対立を統合していきます。新しき大学の理念は、発展、繁栄、富、豊かさ、成功という従来の世界宗教では否定されがちであった価値概念を明確に肯定します。宗教大学が経営成功学部を創ろうとしているのは、このキリスト教、仏教、イスラム教の教えに不足している「発展・繁栄の思想」を、未来創造の力として、新文明創造の土台として、打ち出そうとしているからにほかなりません。

「聞けない」「話せない」「読めない」「書けない」の四重苦

さて英語の成績ではおそらく最下位で入学したエールでしたが、入ってからは必死になって勉強しました。アメリカでは落ちこぼれると、容赦なく退学させます。実際、私のクラスでも入学者は156名で、卒業生は130名でしたから、約2割である26名は退学しています。それだけに必死でした。特に最初の半年間（semester）は、思うように「聞けない」「話せない」「読めない」「書けない」の四重苦でした。毎日が受験前夜のような状態で、明け方まで勉強して、次の授業の準備にあたりました。

リスニングについては、基本的には、日本語で聞いて分からないものは、英語だともっと分からなくなります。私の場合、経済学は不動産鑑定士の2次試験で学び、また会計学も銀行で学んでいたので、英語でもその概念の理解は容易でした。

2013年にノーベル経済学賞を受賞したロバート・シラー（Robert J.

Shiller）は、１９８２年に若き教授としてＳＯＭに赴任し統計学を教えていました。私は、彼の統計学の試験で満点を取って、「満点は日本人のTomoだけだ（私はTomoと呼ばれていました）」と、授業で褒められたことを覚えています。

ちなみに、これは、統計学を全くやったことがなかったので、もしかしたら必要になるかもしれないと思って、日本語の統計学のテキストを持参していたのが効いています。全く新しい難解な理論やコンセプトを英語で始めるのは結構厳しいので、念のため、日本語のテキストを持っていくと役立ちます。これは老婆心《ろうばしん》からの内緒のアドバイスですが、人によっては値千金《あたいせんきん》になるでしょう。

その意味で、私が最も苦しんだのは、パソコンを使う授業です。１９８３年当時は、アメリカでもパソコンが普及し始めていた頃で、ＳＯＭのパソコンルームには、ＩＢＭから寄贈されたパソコンが40台並んでいました。ファイナンスの授業では、Lotus123という表計算ソフトを使って現在価値（Net Present Value）分析やＩＲＲ計算等、財務分析や投資分析をする宿題が出されるのですが、パソコンを触ったこともないので、これには立ち往生しました。日本語でさえ初めて一人でパソコンを扱う時は呻吟《しんぎん》するのに、いわんや英語をやです。Lotus123というソフトの使い方も不明です。今はなくなった薄いフロッピーディスクの扱いも分かりません。日本語でも扱えないものを英語で扱うのは至難の業です。一度、宿題完成の直前に間違ってデータを全部消してしまい、頭が真っ白になりました。今は重宝していますが、この時は、パソコンの発明を恨みました。夜遅くまでパソコンルームに、一人残って格闘している姿を見て、友人たちが親切に、その操作方法を教えてくれました。

リスニングについては、大川総裁が『常勝思考』や『愛の原点』の中で説かれている「蓄積効果」(cumulative effect)が当てはまります(注2)。分からないことに耐えて、聴き取ろうと努力し続けていると、ある時、急に分かるようになる瞬間があります。リスニング力も45度

Yale SOM 新聞に企業模擬ゼミで採り上げられる。

で、直線的に上がっていくのではなく、ある時、ふっとレベルが上がったと感じる時があるのです。私の場合、3カ月ぐらい経ってから、それまでの2、3割から急に6割ぐらい聴き取れるようになった経験をしました。それまでは、忍耐の時期を通らねばなりません。

スピーキングは、授業中に何か聞かれたら、勇気をもって、とにかく「何かを話す」ことです。度胸をつけるには教授陣に質問し、やり取りするのも、一つの方法です。

リーディングについては、一日あたり、多い時は100ページから150ページを読まされますので、とにかく読んで、大事そうなところだけを精読する訓練をしていました。あるいは、レポートを書くために重要そうなところの拾い読みをしていました。どこが大事かは、最後は推測（guess）、勘の勝負になります。

ライティングは、とにかく、レポートをよく書かされます。話し言葉ではなく、論文あるいはレポートとして仕上げないといけないので、文法力がないと駄目です。最近は、私自身、メール以外、英文をあまり書くことがないので、ライティング力は、かなり落ちてきています。

とにかく、四重苦の中で、不安と戦う精神力だけは身につきました。その努力が実って、最終的に成績自体は全優（All Proficient）となり、一定の自信も得ました。

ただ、この留学時において、受験テクニック的な要領の良さだけでは、限界を感じ始めていました。私はエール大の家族アパートであるMansfield Apartmentに住んでいましたが、よくパーティーや夕食会を開いて、友人たちを呼んで、妻の作る日本食をふるまったりしていました。また、妻同伴で友人たちのアパートでのパーティーにも出かけていきました。

そうして、知的な友人ができたり、教授陣との交流が始まったりすると、会話の内容レベルが高くなって、教養がないと、話ができなくなってきたのです。教授から授業中に、例えば、日米貿易摩擦の問題について、日本や日本人の考えを

▲ニューヨークにいる４人と久しぶりに reunion（同窓会）。

▲エール大ＩＧＢメンバー７人で。

聞かれることもありました。それに答えられるだけの広範囲な知識、教養、見識を持っていないとついていけなくなりました。

２０１１年8月から2年間、幸福の科学の北米本部長としてニューヨークに赴任した際、エールの最も仲の良い友人たちと再会して話が弾みました。エール時代のＩＧＢ（Individual and Group Behavior）という授業の同じグループの7人のうち、私を含めて4人はマンハッタンで仕事をしていました。１９８５年に卒業してから30年近く経って、写真の通り、皆、おじさん、おばさんになりました。彼らは皆、仕事も大成功し、家庭も円満で、様々な経験を通して、精神的にも成熟しています。今も各人が新しいことにチャレンジしていて前向きです。

アメリカ留学から得られるものは、決して知識やスキルだけではありません。日本では得られない人生経験や、友人たちとの出会い、考え方の違いへの驚きなど、授業外から得られるものも非常に数多くありました。同時に、日本では経験しないような困難も待っています。言葉の壁、文化の壁、人種の壁。それもまた、私たちを鍛える経験であり、海外で学ぶ意味でもありましょう。

そのような壁があっても、私がアメリカを愛する理由は、その多様性と包容力です。様々な人種、文化、生き様を寛容な心で受け入れています。海外体験で受ける様々なカルチュラル・ショックや異質な経験は、私たちの「寛容さ」を広げます。「こんなこともありうるのだ」と思い、見る目が複眼化してきます。寛容さが増し、多角的な視点を持てること自体が、人間としての進化であり、霊的成長であると考えています。

日本初の通貨金利スワップチームの中心メンバーとなる

1985年5月にエールを卒業し、日本に戻ってから3年半、銀行の国際部で働き、その後、5年半ほどニューヨーク支店に配属されました。その間、私は国際金融のプロフェッショナルとして、あらゆる分野を経験しました。

通貨金利スワップチームを日本で初めて創ったのは東洋信託で、私はその中心メンバーでした。当時は、スワップ取引が欧米で開発され、日本マーケットではまだ一般的ではなかったので、大きな創業者利益を得ることができました。私もかなり大きな利益を上げ、金額的には、エール大留学という銀行の私への投資に対するお返しは何十倍もできたと考えています。

当時は、まだ、欧米の銀行と相対《あいたい》の個別のスワップ取引契約書を1件ずつ作成していたので煩《わずら》わしく、共通の契約書を作成しようという動きが世界的に起き、そのプロジェクトに参加したこともあります。

銀行のMOF担（大蔵省担当の銀行員）と一緒に大蔵省を訪れて、通貨金利スワップやオプションの講義をしていました。日経新聞の記者からの質問に答えると、翌日には、その内容がオーソライズされた形で記事になったりもしていました。つまり、今、あまり評判の良くないデリバティブ取引の先駆けであったわけです。私は、デリバティブ自体は価値中立で、要は、そのリスクが見えるかどうか、その仕組みを使って何を生み出したいのかという問題だと考えています。

また、香港の現地法人を使ったユーロボンドの発行を2回、スイスフラン建て転換社債の発行を主担当し、それ以外にも為替ディーリングやマネーマーケット（金利）ディーリングも行いました。1年にわたるマッキンゼーとの国際戦略の立案プロジェクトにも、当時の社長から直接指名され、5人のメンバーの最年少として、30歳で参加しました。マッキンゼー東京支社長だった横山禎徳《よしのり》氏からも、いろいろと教わりました。

これらの仕事のほとんどを、英語を使ってやっていました。この間に、国際金融に関する英語の専門用語は一通り覚え、その分野に関しては、英語の新聞記事もテレビも、ほぼ完璧に理解できるようになりました。英語での交渉力も増していきました。

ヘッドハンターから電話が頻繁にかかってくるようになったのは、この頃からです。毎週のように電話があって、食事をしながら話を聞きました。いわゆるバブルと呼ばれる時代でもあり、1週間、毎日電話がかかってきたこともあります。ほとんどが外資系金融機関からの誘いでした。

ただ、1987年の7月に幸福の科学の教えに出会ったため、経済的な成功以外の精神的な価値も感じ始めていました。利益や収入至上主義だと、自分の人生もやがて行き詰まるのではないかとの予感もありました。結局、外資系への転職はしなかったのですが、いろいろな方に高い評価を頂けるようになったのは、エールのMBAを取り、英語で仕事の成果をあげられるようになったことが大きかったと思います。

世界の中心で仕事をする喜び

1988年10月から1994年3月までの5年半ほど、ニューヨーク支店に勤務することになりました。ニューヨーク支店のオフィスはマンハッタン・ミッドタウンのマディソン・アベニューと50th ストリートの角にあるビルの高層階にありました。セントパトリック大聖堂の斜向かいです。窓からは、エンパイアステイトビルや今はなき2棟のワールドトレードセンターが見えました。摩天楼《まてんろう》を眺めながら「世界の中心で仕事をしている」という実感がありました。世界中からエリートたちが、この街に集まってきています。エールの友人たちともグランド・セントラル駅の近くのエール・クラブ（Yale Club）で飲んだりして、情報交換していました。

仕事は主に、マネーマーケット・ディーリングを2年やった後、アメリカの企業融資を7人のチームで行っていました。融資営業もしていたので、全米を飛び回っていました。私以外は全員アメリカ人で、上司も部下もアメリカ人です。ところが、その上司はあまり仕事をしないタイプでしたから、部下の指導や融資案件の見極めなど、結局、私一人でやる形になりました。日本とのやり取りも、日本語で私としたほうが楽だからと、全部私に集中していました。その結果、東京との時差の関係もあって、毎日夜中の11時頃まで仕事をして、タクシーで家に帰り着く頃には午前様でした。

日本人とは違う発想と思考をするアメリカ人と一緒に仕事をすることで、日米の文化や習慣の違い、日本人の考え方や姿勢では通用しないこと等について学べたのは大きな収穫でした。自分の世界観が多様な形で、どんどん膨らんでいく幸福感があり、魂《たましい》の喜びそのものでした。この時の学びや教訓は第4章で述べたいと思います。

ニューヨークに幸福の科学の最初の〝海外教会〟を創る

ニューヨーク時代は、幸福の科学の活動にも力を入れました。当時は在家として活動していたのですが、1992年8月8日に連絡員（在家支部長）に任命されたことをきっかけに、「幸福の科学の海外初の教会を創ろう」と思って努力しました。

私の戦友である宮内久世《みやうちひさよ》さんという方が、1991年に幸福の科学の五月研修に参加して、日本からニューヨークに戻ってきたのですが、彼女の顔つきが変わっていました。五月研修で大川総裁の説法に感動し、「先生のために、何としても大川隆法書籍専門店を創る」と決意し、当面は赤字覚悟で「ピパル」（pipal 菩提樹）という名の店を1991年7月7日に立ち上げたのです。

この場所が後に、「幸福の科学USA」（現在のハッピーサイエンスUSA、Happy Science USA）の母体となったのですが、次第に人が集まるようになっていきました。私も彼女の熱意に影響を受けて、創設の中心メンバーとなっていったのです。毎週、集いやアメリカ人向けの勉強会を行いました。

ハッピーサイエンスUSAは、日本の宗教法人・幸福の科学のアメリカの現地法人です。いわゆるアメリカで501(c)(3)non-profit organizationと言われる、寄附金が税額控除になるcharitable statusを持った非営利法人です。日本企業のアメリカ現地法人はたくさんありますし、その設立ノウハウについての関連書籍も日本語で多数出版されていましたが、日本の宗教法人のアメリカ現地法人を創ったところはほとんどありません。いろいろな事前調査を行いました。規制も州によって違います。会計経理や税務、法務については、全部、電話帳のように分厚い根拠法や通達にあたり、調べました。この時ほどMBAで学んだ知識と忍耐が役立ったと感じたことはありません。申請書類の作成も、弁護士に一から頼むと費用が何万ドルもかかってしまうので、自分で詰められるだけ詰めて作成し、最終チェックだけ頼むという形にしました。交渉の結果、通常は実際にかかった時間単位請求の弁護士費用を「いかに幸福の科学の教会を創ることが、アメリカの幸福につながるか」を説得して、上限2000ドルで収めることに成功しました。アメリカ人信者は、"Incredible!"（信じられない）と感嘆してくれました。

こうして幸福の科学の最初の海外教会であるハッピーサイエンスUSAが1993年8月24日に設立されました。英語力がなければ、とてもできない仕事だったと思います。また設立準備をする一方で、ニューズウィークの宗教関連編集者と面談し、「今、起きていること」を伝えたり、ブックフェアや、Simon & Schuster, Penguin, HarperCollins等の大きな出版社を訪れ、アメリカで真理書籍の出版ができないか模索していました。

蓄積効果の威力を実感する

私が銀行を辞めて、幸福の科学に奉職したのは1994年3月8日のことです。

それから15年間、英語をほとんど使わない生活を送りました。その15年のうち、通算約7年半は、宗務本部というところで大川総裁の仕事を間近に見ましたが、まさに神業でした。その驚異的な仕事の速さと判断の的確さには、欧米の最優秀のMBAも、とてもかなわないだろうと驚愕しました。

英語については、映画やテレビを観る時に聴くぐらいで、話すのは、たまにエールの友人が東京に来た時ぐらいでした。ハッピーサイエンスUSAを創立したことで、英語に関しては、使命を終えたのかなと思っていました。

それが2009年1月に突然、世界伝道講師第1号に任命されました。そして任命された日の翌日に、大川総裁が「勇気への挑戦」という説法をされたのですが、私は、ヤング・ブッダ渋谷精舎（注3）に在日外国人を集めて、説法の直後にその解説と質疑応答を英語で行うことになったのです。

15年間も英語を使っていなかったのに、準備する間もなく英語で、それも説法直後にその解説と質疑応答をするのです。随分な無茶ぶりですが、引き受けました。

▲2009年３月の大悟祭、インド・ブッダガヤにて、2500名を前に英語で説法。地元新聞に掲載された。

リスニングは何とかなって、外国の方の質問は聴き取ることができました。しかし、スピーキング力はかなり落ちており、自分としては、ニューヨーク滞在時の3分の1ぐらいまで落ちたというのが正直な感覚でした。

ただ、一つ大きな発見がありました。英語力は落ちていたのですが、話すべき内容には困らなかったということです。15年間、幸福の科学で仏法真理の勉強に励んだことで、いつの間にか教養の厚みができており、いくらでも話せる材料が出てきました。15年間の蓄積効果によって、突然の質疑応答でも対応することができたのです。話す中身と教養が大事であることを、この時、自分自身の経験として確認しました。

天職としての国際伝道

世界伝道講師の後も、国際本部長、北米本部長として、国際伝道に従事し、英語を使うようになりました。北米、南米、欧州、オセアニア、インドや東南アジア、中国、韓国等、世界中を飛び回り、伝道していました。国際伝道こそ自分の天職だと思い、魂が喜んでいました。その時の学びは第5章で説明しましょう。

世界伝道も基本は人です。やはり人と人とのつながりです。人対人、face to faceが大切です。伝道は、心から心へとつながっていく、心のネットワークづくりでもあります。ＩＴが発達した現代も、最も効果的な伝道は、直接、人と人が交流することです。

各国を回った時に、セミナーや集い、打ち合わせや個人相談での抜苦与楽《ばっくよらく》等の合間に、その国の主要な大学を訪れていました。観光地や美術館等にはほとんど行かず、私は大学と宗教施設、そして、市場《いちば》によく行きました。

その理由は、若い大学生たちの姿を通して、その国の未来を見ようとしていたのと、その国の民衆の信仰や息遣いを体感したかったからです。街の寺院や教会で祈る人々の姿や市場で魚や野菜など生鮮食料を買っている姿を見たり、地元の人々で混み合っている食堂に入るのも、人々の表情や好み、信仰観、生活感を共有したいと思うからです。

直近の2年間、2011年8月から2013年9月までは、北米本部長として、アメリカ、カナダを担当し、ニューヨークに滞在しました。18年ぶりにニューヨークに戻り、大きく成長したハッピーサイエンスUSAのヘッドミニスター（Head Minister）として、「人類の至宝」である大川総裁の仏法真理を伝えられることに無上の喜びを感じていました。

（注1）大川隆法編著の『黒帯英語』シリーズは、2012年から刊行を開始した英語教材

で、現在、『黒帯英語への道』全10巻、『黒帯英語初段』全10巻、『黒帯英語二段』全10巻、『黒帯英語三段』①～⑥が刊行されている。大川総裁がＣＮＮなどの番組や英字紙などから気になる英単語や表現を集めて整理したもので、英語上級者向けの学習教材として、幸福の科学で活用されている。

（注2）『常勝思考』第四部には、「本来は凡庸な方であって、『自分はなんとのろまなのか。なんと遅いのか』と思っても、努力して続けていくうちに、累積の効果、蓄積の効果というものが出てきます。それは不思議なものです。一定以上の修行、いわばためをつくっていくと、いままであれほど遅いと思っていた自分が、だんだん早く結果を出せるようになってくるのです。まことに不思議なことですが、そうした効果があります。」（２１８ページ）とある。また、『愛の原点』第4章には、「関心の赴くままにさまざまな文献を集積し、また、それに対して知的努力をしていると、ある点を突破したときに、累積効果が出てきて、開花することがあります。」（１１０ページ）とある。

（注3）精舎とは、幸福の科学の参拝・研修施設のことで、大型の精舎のことを正心館と呼ぶ。現

在、全国全世界に27精舎（国内24カ所・海外3カ所）が建立され、信者等が参拝し信仰心を深めている。

第3章

英語力の高め方

語学に王道なし

英語力を高める方法は、「語学に王道なし」に尽きます。外国語の修得は、努力以外にありません。努力に努力を重ねるのみです。

『○○だけで話せる』とか、『たった3カ月で……』といった謳《うた》い文句の英語教材を書店でよく見かけますが、基本的に「正直ではない」と思います。確かに、その本を読めば、多少英語の実力が上がるかもしれません。しかし、すぐに修得できるものは、すぐに失われます。英語学習は、時間と根気の勝負です。反復と継続がなければ、学力はあっと言う間に消えていきます。大川隆法総裁が次のように指摘している通りです。

英語は、とにかく努力の科目である。誠実に努力した者には道が開けることになっている。仏教にいう「縁起の理法」をそのままに体現したところが英語学習にはある。

私は常々、「語学に王道なし」「語学に天才なし」と若い人たちに語り続けている。


『英語が開く「人生論」「仕事論」』あとがき

英語力を高めるために続けた努力は、相手に伝わります。

文法をきっちりと学んで正攻法の英語をコツコツと修得していくと、たとえ流《りゅう》暢《ちょう》に発音できなかったとしても、アメリカでは尊敬を得られるのです。

ある時、テレビを観ていて感動したことがあります。いかにも英語を後から学んだという発音をする中東の外交官の方がインタビューを受けていました。しかし、英語そのものは「正式な文法に基づいた英語」で、しかも語彙《ごい》が豊富でした。この方は、ノンネイティブで、英語が母国語ではないにもかかわらず、長年にわたって英語を勉強し続けて、教養のあふれる英語を話せるようになったのでしょう。その水面下の努力が伝わってきたのです。面談したアメリカ人も思わず、「話す内容と論理が素晴らしい」と称賛していました。アメリカ人は非常にフェアなところがあって、こうした努力を見逃すことなく評価し、敬意を表します。

英語を学んでいると、バイリンガルや帰国子女たちが、ネイティブのように流暢な発音で英語を話していることに憧れることがあります。しかし、アメリカ人は皆、英語を話しますから、それだけで尊敬されるわけではありません。

国際ジャーナリストに古森義久《こもりよしひさ》さんという方がいます。彼が従軍慰安婦（comfort women）の問題についてインタビューを受けて英語で説明している映像をYouTubeで見たことがあります。古森氏は、日本人として英語を学んだ方ですので、ネイティブの発音ではありません。しかし、語る内容はしっかりしており、文法は正確、語彙も豊富でした。しかもディベートで的確な反論をしていました。私の印象としては、日本人として中身を伴った最高水準の英語でした。ディベートで正しい英語を操って、堂々と意見を言って一歩も引かずにやり合える。70歳を過ぎて、あれだけの英語を話すには、これまで相当な努力の蓄積があったはずです。英語力において、私も目標の一人にしている方です。

知的でない人の英語はすぐ分かる

発音は綺麗でも中身のない人の英語は聞けばすぐに分かります。アメリカ人でもレベルが分かります。帰国子女で高校生くらいの時に日本に帰ってきたような人に多いのですが、いわゆる〝友達英語〟しか話せない人がいます。そういう人は、知識人が集まるようなセミナー会場で、"Hi, buddy!"（よぉ！）風の場違いな英語を使ってしまうことがあります。一見、和気藹々《わきあいあい》と上手にやっているように見えますが、友人間や酒の出るパーティー会場ならともかく、相手の方は「この人、大丈夫かな」と内心では思っています。

下手をするとfour-letter words（注1）という下品な言葉をつい口にするケースも見られます。映画やテレビでもよく使われているので、気をつけなければなりません。映画やテレビの番組はスラング（俗語）が多くて、意味が分からないので、スラングこそ覚える必要があると考える人がいますが、止めたほうがよいでしょう（注2）。どのみち使えませんから時間の無駄です。どうせ勉強するなら、オーソドックスな正統派の英語を身につけるべきです。立場相応の英語を使えないと品性を疑われるのです。知性的な英語を使えるようになれば、その努力は正当に報われます。

完全主義を捨てる

英語を実戦で使う場合、大川総裁は、「完全主義を捨てる」ことが大事だと述べています。

完全主義を捨てないかぎり、どうしても「使える英語」にはならないと思います。

したがって、不完全でも結構なので、コミュニケーションができるレベルに持っていこうと努力してください。

『TOEICを受験する人たちへ』60ページ

語学は生き物です。会話のやり取りは、常に現在進行形で進んでいきます。したがって、失敗を恐れすぎないことです。

受験英語の弊害《へいがい》があるとすれば、この部分です。受験秀才ほど、完全主義、完璧主義に陥り、結果、臆病になる傾向があります。文法や構文、発音、アクセントにおいて、間違うことを恐れすぎて、あるいは正しいかどうかを気にしすぎて、話せなくなります。減点主義や「間違いをすごく恐れる」傾向性は、生産性が低いと一蹴すべきです。

あまりにも厳密な受験勉強型のやり方をすると、社会人としての英語仕事学は、ワークせず、機能不全に陥ります。完全主義を捨て、まずはコミュニケーションできるレベルを目指すべきです。冷や汗、脂汗をかきながらも、チャレンジする勇気が大切です。

むしろ本物の英語力を身につけるためには、「できなかった」という思い、恥をかいた感覚は実に大切です。

その意味で、“Practice makes perfect.”（習うより慣れよ）という格言は、まさに至言です。これをやってからとか、ここまで行ったらやろうと思っている限り、永遠にできません。勇気をもって一歩を踏み出すことです。まずやってみて、恥をかく。失敗する。そうすると、自分の未熟な部分、改善や増強すべき能力や技術など、いろいろなものが見えてきます。やっているうちに、良くなっていきます。失敗から早く立ち直るリバウンド力もいります。いちいちめげないことです。それが成長の要諦です。

例えば、日高義樹《ひだかよしき》さんというジャーナリストが、以前、テレビ番組「日高義樹のワシントン・レポート」で、アメリカの要人によくインタビューしていました。正直、英語は完璧ではありません。文法もよく間違っています。しかし、シンプルでも本質をついた質問ができるので、平然と一流の方々に取材していました。

中南米や中東の政治家が、アメリカに来て演説しているのを見ると、さらにヒドい英語を使っています。単語をぶつ切りにして並べているだけという英語だったりします。しかし、ものすごい熱意で、血相を変えながら、物怖《ものお》じすることなくまくし立てています。そんな荒っぽいブロークン・イングリッシュで果たして伝わっているのだろうかと心配するのですが、それを聴いたアメリカ人たちは拍手喝采しています。英語ではなく、その「伝えたい」という熱意に、感動しているのでしょう。

私が国際金融の仕事をしている時に、仕事上、数字だけは間違うわけにはいかないので神経を使いました。fifty（50）とfifteen（15）を聴き間違えると、単位は100万ドルですから、大変なことになります。ただ数字以外の完全主義は捨てることにしたら、その結果、随分、楽になり、強気になれました。もちろん、ビジネスの交渉時においては、条件（terms and conditions）等、重要なポイントは、その場で丁寧に確認したほうがよいでしょう。

文脈推理力でポジティブリーディングを

リーディングも同じです。

完全主義でリーディングをすると、分からない単語が出てくるたびに、引っかかり、一つひとつ調べなければ気が済まなくなります。しかし、それだと大量の資料や文献を読むことはできません。海外に留学すれば、1日50ページ、100ページという単位でテキストを読まねばなりません。仕事をする場合でも、大量の書類や資料を読む必要があります。時間が限られていますから、だいたいの意味さえつかめればいいと割り切り、ダーッと読んでいくのです。単語の意味を確認しながら読むのではなく、ざっくりと文脈を推理しながら読み進めていくわけです。辞書を引かずに読むのがポイントです。大川総裁も、次のような読み方を勧めています。

「英文のうち、知らない単語にはあまり注目しないで、分かるところを読んでいく」という読み方があるのです。

これは、はっきり言えば、「ポジティブリーディング」です。

「難しくて読めない」と思っていたかもしれませんが、よく考えてみれば、一ページのうち、95パーセントぐらいの単語は知っている場合が多いのです。95パーセントぐらいは高校卒業程度の単語であり、難しいのは5パーセントぐらいです。

日本語なら、5パーセントぐらいの単語が分からなくても、95パーセントの部分が読めれば、だいたい意味が分かるはずです。英語の場合も、それと同じで、「分かるところを読んでいき、それをつないでいって、全体の意味を取っていく」という読み方があるのです。しかし、これは、学校では、あまり教えてくれません。

『TOEICを受験する人たちへ』45-46ページ

この分かるところだけを読んでいく「ポジティブリーディング」は、分からない単語に注目して読む「ネガティブリーディング」と対置させた手法です（注3）。

要するに、文脈推理力とは、完全主義を排せよということでもあります。

また、1語ずつ英語を日本語に変換していくのではなく、英語を英語のまま理解して読んでいくことが大事です。大学受験までなら、行ったり戻ったりしながら精読することも必要ですが、実戦で英語を使う場合は、分からない単語があっても、だいたいの文脈が分かればいいと考えて、どんどん先に読み進めていくのです。もちろん、語彙が圧倒的に不足していて、全く分からないという状態では、英語を英語のまま理解するのは無理でしょうから、ある程度の英語の語彙があることが前提になります。

難関大学の受験レベルの語彙でも実戦では不十分

英語の基本がある程度マスターできたら、あとは、いかに語彙を増やすかが勝負になります。語彙が豊富になれば、読むのも聴くのも速くなります。必要な語彙の量について、大川総裁はこう指摘しています。

幸福の科学学園では、英語の授業を始めたときに、普通の公立校と同じ教科書を使っていたのですが、それだと、単語数が中学校で約千五百、高校で約千五百、合計で三千語ぐらいしかありません。

大学受験においては、難関校では六千語から八千語ぐらいの単語が出るのですが、教科書だけでは、その単語数に届かないため、公立校などの生徒たちは、塾に行き、プラスアルファの部分を勉強しているのです。

しかし、その六千から八千の単語数でも、本場の英語には、全然、届きません。英検一級のレベルで、一万二千語から一万五千語ぐらいと言われていて、塾や予備校で英語を教えている先生がたの語彙が、だいたい、この程度です。英語のプロの語彙は、だいたい受験生の倍ぐらいなのです。


『幸福の科学学園の目指すもの』44 - 45ページ

国際ビジネスマンの条件として、日本で仕事している限りでは、英語のプロであっても、同じく1万2000語から1万5000語ぐらい使えれば、十分に仕事ができると言われています。TOEICであれば、経済用語は8000語ぐらいの範囲です。しかし、実際に仕事で使う経済用語は、少なくとも3万語はあります。

英語の新聞や雑誌を読むには、10万語程度の語彙がいると言われています。「タイム」などの語彙は10万語を超えています。したがって、日本の大学受験レベルは、語彙的には、その10分の1もありません。

平均的なアメリカ人の語彙は6万語と言われます。東部アイビーリーグのMBAを取った20代の若者で、平均の語彙が7万語ぐらいだそうですから、彼らも、タイムやニューズウィークを全部は完璧に理解できないことを意味します。

大川総裁の作った『黒帯英語』シリーズなどの英単語集は、単語だけで、4万語を超えています。マスターすれば、ネイティブ並みの英語力に近づきます。

努力して勉強しない限り、語彙は絶対に増えません。細切れの時間を使って覚えるしかないわけで、反復することで、身につけていくしかありません。

専門用語を知っていることの威力

私の場合、大学で学んだり、仕事で使ったりして、経済や経営、国際金融に関しては、専門用語を含めて、ほぼ完璧に理解できます。しかし、自分に興味、関心のない分野は、途端に分からなくなります。例えば、『黒帯英語初段⑨』の「金融英文精選編」の金融英語は、すべて知っていましたが、同じシリーズ『黒帯英語初段④』の「科学英語」になると、知っている単語のほうが少ないぐらいでした。

講義や質疑応答をしていて、その状況や説明に的確な単語が出てくるかどうかは、結構クリティカル（critical 重要）です。その英単語一語を知らない、あるいは忘れたために、回りくどい英語で説明することになります。

例えば、東日本大震災の説明の時、「瓦礫《がれき》」の英語である rubble が思い出せなくて、Broken stones and wood from houses or buildings destroyed by the tsunami. という長ったらしい表現になってしまいました。説明しながら、我ながら洗練されていないなと感じていました。ちなみに、この東日本大震災の後、devastating（甚大な被害をもたらす）やoverwhelmingly（圧倒的な、抗しがたい）といった単語が、アメリカでも、新聞や識者の発言の中で頻繁に使われるようになった気がします。世界の出来事が、使われる英語にも影響を与えているのでしょう。

ただ専門用語は、アメリカ人でも理解できないことが多いので、一定の注意は必要です。例えば、「各人には魂の傾向性があって、慣性の法則（The law of inertia）があるので、努力しても、すぐには変わらない」という説明をした時に、すぐに手が上がって、「慣性の法則とは何か」と質問してきました。物理学の用語なので、理解できなかったようです。

宗教英語についても、私はいまだに、語彙をコツコツと積み上げて増やしているところです。宗教や思想を世界の人に伝えるには、専門用語や固有名詞をしっかりと押さえる必要があるからです。

例えば、「霊界の存在」の説明として「睡眠中に、幽体離脱《ゆうたいりだつ》して霊界に行っている」（注4）と言うとします。では英語で「幽体」を何と言うでしょうか。astral body と言います。「幽体離脱」なら、astral travel あるいは、out-of-body experience です。astral は簡単に他に代替できる言葉ではありません。知っていないと使えません。霊的な知識として、人に説明するには必要な用語です。

では、イスラム教の一夫多妻を英語で何と言うでしょうか。polygamy と言います。この言葉を知らないと、“People in Islamic countries are still keeping the system of having at most four wives per husband”などと長々と説明しなければならなくなります。もちろん、それで意味は通じるのですが、polygamy という言葉を知っていれば、一言で済むわけです。

仕事の実戦の場で英語を使う場合、専門用語の知識は大きな力になります。難しい言い回しを一言で表現できますし、教養人だと認知されます。普段から、自分にとって必要な専門用語の語彙を地道に増やしていくことが大事です。

そのためにも必要な単語はこまめに辞書を引いてノートに転記し、覚えることです。辞書を引いた回数と英語力は比例します。リーディングでは、何回か出てきて文脈からも推理できなかった単語、リスニングでは、質問されて分からなかった単語、スピーキングでは、一言で言えなかった単語等は、カードを常に持ち歩いて、素早くメモしておくとよいでしょう。

固有名詞の落とし穴は発音

なお、固有名詞に関しては、発音をしっかり覚えなければ、全く相手に通じませんから要注意です。「適当でもいいかな」と思っているうちは、伝えられません。例えば、ソクラテス（Socrates）は、そのまま発音しても、全く通じません。実際には、サクラティーズ〔sάkrətiːz〕という発音になります。プラトン（Plato）はプレイトウ〔pléɪtoʊ〕、エリヤ（Elijah）はイライジャ〔ɪláɪdʒə〕、エレミヤ

（Jeremiah）はジェレマイア〔ʤèrəmáɪə〕と発音します。日本語をそのまま発音して通じるのは、仏陀《ぶっだ》（Buddha〔búdə〕）ぐらいでしょうか。一つずつ覚えていくしかありません。

アクセントも大事です。例えば jihad（ジハード、聖戦）という言葉があります。日本人はよくジハードと前にアクセントを持ってきます。しかし、実際は、ジハード〔ʤɪhɑ́ːd〕とハにアクセントが来ます。実際、私もジハードと発音していたのですが、通じませんでした。ちなみに、イスラム教の聖典『コーラン』（Koran）もアクセントは、クラーン〔kərɑ́ːn〕とラにあります。

固有名詞については逃げ道がありません。覚えたい人名や分からない地名があれば、一語ずつノートを取り、発音記号とアクセントの位置を書き、何度も繰り返して音読し、努力して覚えていくしかありません。

正しい発音については、電子辞書やインターネットの辞書を参照するとよいでしょう。私は、インターネットでの辞書データ検索システムは、ＡＬＣ（アルク）

の「英辞郎 on the WEB」で、http://www.alc.co.jp/。発音は、男性の声がいいかと考え、「howjsay.com」で、http://www.howjsay.com/index.php?word を使っています。

語彙の増強はリスニング対策になる

語彙が増えれば、リスニングの理解も進みます。

リスニングは、英会話の前提です。相手の言っていることが理解できなければ、会話は成立しませんから当然です。

地道に努力をして語彙を増やしていくと、速い英語でも次第に聴き取れるようになってきます。

この蓄積効果は、先の2年間のニューヨーク滞在でも味わいました。リスニング能力は、50代でも、まだまだ伸びます。赴任前は、伸びるとしたらスピーキング力だろうと考えていたのですが、意外とリスニング力が明確に伸びました。

テレビのニュースの英語は、聴きながら、頭の中でワードのタイプ打ちをしていけるようになり、「何が分からないか分からない」ではなく、「今のこの単語が分からない。今のこの表現が分からない」と、理解できない単語や表現が明確に特定できるようになりました。

またCBSのニューヨークエリアで放送されている「テン・テン・ウィンズ」(Ten-Ten-Wins)というラジオ番組があります。ニューヨーカーは基本的に早口ですが、番組ではさらにものすごいスピードでまくし立てています。最初は何を言っているのか分かりづらかったのですが、ニューヨークに滞在して1年ほど経つと、聴き取れるようになっていました。このラジオを聴いた後は、テレビの英語が逆に遅く感じられるようになります。

リスニングについては、英語のバラエティ番組やコメディは、意外とハードルが高いのです。英語自体は完璧に確実に理解できるのですが、聴衆がなぜ笑っているのかが分かりません。アメリカ人が皆、笑っているのに、自分だけ笑えない孤独は今でもあります。ここは、幼い頃からの文化を共有していないと難しいのかもしれません。

スピーキングとライティングのコツ

スピーキングは、文法、発音、アクセントの基本を丁寧に学ぶしかありません。rice（米、ご飯）とlice（louse シラミ、寄生虫の複数形）は発音を間違えると、「日本人は、ご飯ではなく、シラミを食べる」という、気持ち悪い話になります。おそらく間違ったなと相手も分かってはくれるでしょうが。マクドナルド（McDonald's）もそのまま言っても通じません。「ムク・ダナルド」〔məkdɑ́nldz〕となります。

フロリダで一般セミナーを開催した際、「仏陀の再誕」を英語で、Rebirth of

Buddhaと発音したつもりが、Reverse of Buddhaと聞こえてしまったようで、一般参加者の一人が手を上げて、「仏陀の〝逆〟って何だ?」と聞き返してきたことがあります。「b」と「v」、「th」と「s」の発音が混同されたので、以降、意識的に注意しています。

よく使う表現のパターンは、繰り返し音読して暗記することです。思わず口をついて出てしまうぐらいまで覚えると力になるでしょう。

ノンネイティブにとって、ライティング能力は、スピーキング能力と連動しています。英作文の力は、そのままスピーキングの基礎力ともなります。アメリカ人でも、きちんと勉強したかどうか、教養人であるかどうかは、書いたものを見れば、すぐに分かります。英文法をしっかり学んでいないと文章に表れます。

文法の押さえは大事です。会話さえできればいいという考え方もあるかもしれませんが、リーディング、リスニング、スピーキング、ライティングと総合的な英語力を養うには文法は外せません。一度学んだと思っても、要所要所で「文法の締め直し」をしたほうがよいでしょう。私も大川総裁の英語教材で、英文法をやり直し、英単語を覚えています。「文法」と「単語力」は、延々と努力を続けていく必要があります。

1975年に、受験英語と実用英語との激しい論争がありました。渡部昇一氏と平泉渉《わたる》氏との間で起きた「英語教育大論争」です。私は、経験上、英文法の学びは不可欠だと思います。実用英語だけなら、子供っぽい英語になりがちです。受験英語をしておれば、文法のミスも少なく、努力していけば、知識階級にも受け入れられる英語になります。

また、常に現在進行形の会話やスピーキングと違い、ライティングは書いた後、確認できるわけですから、できるだけ文法やスペルの間違いをしないことです。エール大時代の私はレポートにタイプミスによるスペル間違いが多かったために、教授から「Tomo、スペルミスはアメリカでは知的でないと思われるから注意するように」とアドバイスを受けたことがあります。

最近では、ワードにスペルチェック機能がついているため、随分楽になりましたが、メール等のやり取りをする際にも気をつけたいところです。

ＩＴ力については、メールやスカイプ、パワーポイント等、基本的なツールは使いこなせるようにしておいたほうがよいでしょう。

実戦仕様のオリジナルノートの作り方

英単語増強の具体的な勉強法としては、大川総裁の英語教材の学びとともに、独自のオリジナルノートを作ることをお勧めします。

私はＡ４サイズの大判のルーズリーフに単語を書き留めています。ルーズリーフにしているのは、単語をジャンルごとに整理して、後で足せるようにしているからです。

何度聴いても分からない言葉や仕事上覚えなければならない単語をジャンル分

けしながらどんどん書き込んでいます。発音を覚えたい単語には発音記号を書き込み、何度聴いても覚えられないようなものは下線を引いたり、黄色のマーカーを引いたりします。

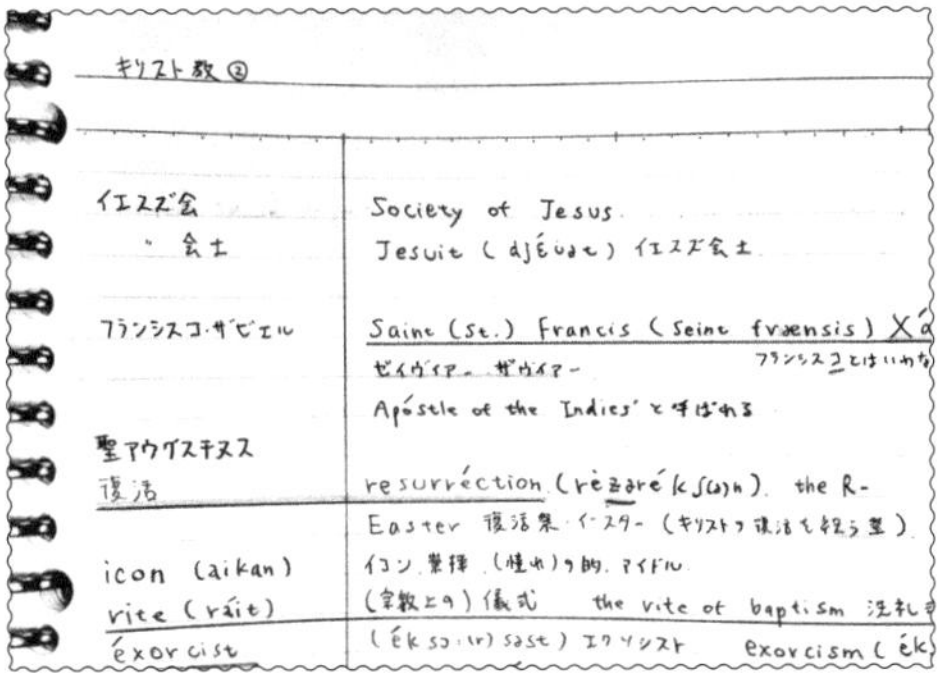

▲折にふれて書き留めたオリジナルのノート。

ジャンル分けは、「信仰」「仏・神」「宗教」「キリスト教」「イスラム教」「仏教」「霊的人生観」「転生輪廻《てんしょうりんね》」「悟り」「修行」「智慧《ちえ》」「愛」「利他行《りたぎょう》」「瞑想《めいそう》」「祈り」といった宗教関連の項目が中心ですが、政治経済や時事関連の項目もたくさんあります。1枚のルーズリーフが埋まったら、「キリスト教②」「キリスト教③」といった具合に増やしていきます。

基本的に項目は、仕事で実際に使うことを想定していますし、聴いて分からなかった言葉を集めていますから、自分だけのオリジナルになります。私の場合、ニューヨークに滞在した約2年の間に、A4ノートで250ページを超えるバインダーが2冊になりました。

ノートの記述がたまって厚みを増してくると、仕事に不可欠のものとなってきます。例えば、「人生の真実」について仏教的切り口でセミナーを行うとします。すると、それに関連する「霊的人生観」や「転生輪廻」「カルマ」「縁起」「精進」等の項目の中の専門用語を事前に復習して、セミナーに臨むのです。

ただ、ノートへの書き取りは、ノートを作ること自体が目的になってしまうこともあるので、あくまでも実戦で使う目的のための勉強の手段であることを忘れないことです。

「生きた英語」が学べる幸福の科学の英語教材

大川総裁の『黒帯英語』シリーズも、まさに日常接した英語の中で気になる言葉や興味深い言い回しを一つずつカードに取って整理されたものです。私のものとは全く分量が違います。『黒帯英語』シリーズだけですでに40冊以上になり、ほかの英語教材を入れると200冊近くになっていますから、大変な量です。

その英語教材を学んでいると、総裁の努力と愛を感じます。コツコツと自分でカードを取られ、教材を作り上げておられる姿が見えるようです。総裁が惜しみなく、私たちに愛を与えてくださっているのが、よく分かります。

ちなみに、これまで私がコツコツと拾ってきた英単語のほとんどは、すでに総裁が抜き出していました。特に、時事英語は完璧に網羅されています。まさに、「生きた英語」として「現場で使える英語」です。

私も、北朝鮮が韓国船を沈めた時に、魚雷（torpedo）など、関連する英単語をまめにノートに取ったのですが、私が書き出したすべての英単語が、『黒帯英語』シリーズの中で紹介されていました。『黒帯英語』の勉強法は非常に効率がよく効果的だと実感しました。また『黒帯英語』には実戦的なビジネス英語のみならず、政治、経済、外交、軍事や、宗教思想等も入っており、これ自体が教養書とも言えるものです。

アメリカで初めて聴いて分からなかったので調べた「cliche」〔kliːʃéɪ〕（陳腐な決まり文句）も、これはフランス語源だから、黒帯英語には載っていないだろうと思っていたら、きちんと載っていたのでビックリしました。こんな例がたくさんあります。

したがって、自分の英単語集や英会話表現集を作っていきながら、総裁の英語教材を並行して学んでいくと、相乗効果が生まれると思います。

また、英語教材のみならず、英語に関連した多くの書籍や、斎藤秀三郎《ひでさぶろう》、新《に》渡戸《とべ》稲造《いなぞう》、清水幾太郎《いくたろう》、渡部昇一氏守護霊（ベンジャミン・フランクリン）など、英語達人たちの、英語学習へのアドバイスを含んだ霊言も発刊されています。巻末の参考書籍に挙げておりますので、是非学んで頂きたいと思います。

英語脳を維持する方法

アメリカで暮らしていると、日本に戻ってきても、しばらく英語脳のままなので、日本語を聞いても英語に聞こえるという不思議な現象が起きます。アメリカでは、耳に入る言葉がすべて英語ですから、聞こえてくる音がすべて英語だという認識になっているのです。したがって、帰国しても耳が日本語を理解するモードに入らないわけです。しかし、1週間もすると、その感覚は消えてしまい、日本語脳に戻ります。

また、久しぶりに日本に帰ってくると、「なぜ、日本には、日本人しかいないのだろう」と、つい考えてしまう感覚があります。これも、やがて消えていくのですが、日本語が英語に聞こえる感覚と連動しているようです。

日本にいて、英語脳をある程度維持するためには、英語に触れ、英語を使う機会を持ち続ける必要があります。しかし、スピーキングの機会は極端に減るでしょう。英語で話せる相手がいない場合は、一人で英語で質疑応答を受けるシミュレーションをしてみるのも効果的です。自分で英語の質問を出し、自分で英語で答えるわけです。一人二役の英語想定問答の時間です。

また、大川総裁の説法を聴きながら、英語に同時通訳するという作業をしていたこともあります。言えない箇所があったら、後で調べてノートに取ります。必ずしも実際に口に出してする必要はありませんから、iPodで総裁の説法を聴きながら、通勤電車の中でもできます。

決して侮れない中国の英語教育

以前、世界ウイグル会議のドルクン・アイサ（Dolkun Isa）事務局長とお会いしたことがあります。英語で話したのですが、非常に綺麗な英語を話すので、「どこで英語を学んだのか」と聞いたら、「中国だ」と答えました。「英語学校に通ったり、家庭教師をつけて勉強したのか」と聞いたら、「特別なことはしてない。中国の正規の英語教育を受けただけだ」と言うので驚いてしまいました。

アイサ氏は、中国から亡命して今はドイツに住んでいますが、極めて知的な英語を話していました。ネイティブのような発音ではないのですが、相当努力しなければ話せないような立派な英語を話していたのです。

私自身、エール大に留学した時にも、中国人留学生たちの凄まじい努力を目《ま》の当たりにしています。

中国共産党は、人道政策面や軍事的覇権主義等、批判すべき点が数多くありますが、相当語学教育に力を入れていることがうかがえますし、学生たちも真剣に勉強しているはずです。日本が〝ゆとり教育〟で足踏みしている間に、彼らは必死で勉強しています。こうした努力に対しては評価すべきでしょうし、日本人も奮起すべきだと思います。

逃げずに立ち向かう姿勢が英語力向上のカギ

英語を修得するには、自己変革が必要です。私は、自己変革には、「内なる自己変革」と「外なる自己変革」とがあると思っています。「内なる自己変革」を、自分で自分自身の課題を決めて、自己を改善、向上させていくことと定義するならば、「外なる自己変革」とは、人事異動や外部からの要請により、否応《いやおう》なしに、自己変革を迫られることです。英語の学習には、意外と「外なる自己変革」が効果的です。アメリカに行くことで強制的に英語を話さなければいけない状態になる。突然、翌日に英語を使って人前で話さなければいけない状態に追い込まれる。こんな時に、逃げずに立ち向かうと、英語力が飛躍的に向上します。いざという時に逃げずに挑戦する姿勢が、実は「英語力を高める秘訣」ではないかと、私自身の体験から実感しています。

（注1）口にするのが憚《はばか》れるような卑猥《ひわい》な四文字から成る言葉。fuck や shit など。

（注2）『英語が開く「人生論」「仕事論」』115‐116ページには、スラングについて、「実際に使うと恥をかく場合がある」としつつも、知らないと困る場合もあるため、勉強は「多少、意味が分かる程度でよい」としている。また、『プロフェッショナルとしての国際ビジネスマンの条件』116ページでは、スラングは知っていると使ってしまう可能性があるため、「努力して覚えないようにしています」と述べている。

（注3）『核か、反核か―社会学者・清水幾太郎の霊言―』にも、文章を読む際には、「九十五パーセントを読み取って、だいたいの意味をつかむ」方法が紹介され、「スキミング」という要点だけをすくい取る読み方も勧めている。また、清水幾太郎は『本はどう読むか』で、洋書の読み方について、何百語からの単語のストックがあれば、本の輪郭は判るとして、「判ろうと、判るまいと、左から右へ読まねばならぬ」と主張している。

（注4）夢は、霊界体験であることが多い。睡眠中にあるレム（REM = Rapid Eye Movement）

睡眠と言われる時間帯に、幽体離脱して霊界に行っており、その間、夢をみている。睡眠中なのに、目がキョロキョロ動いているのは、霊界で、いろいろ見物しているからだとされる。（『霊界散歩』79‐82ページ）

第 4 章

実戦英語仕事学①

国際ビジネスで活躍するためには

英語のニュースは日本では絶対に得られない情報であふれている

第4章では、英語力を武器にすることで、世界に通用する仕事力を身につけるための方法や視点について考えてみます。

まず、英語のニュースを見ることをお勧めします。大川隆法総裁は、次のように述べています。

私は、国内の新聞については、いま述べた朝日・読売・毎日・産経・日経・東京新聞の六紙とも、毎日読んでいますが、そのほかに、「インターナショナル・ヘラルド・トリビューン」と「フィナンシャル・タイムズ」も読んでいます。

それから、テレビ番組では、CNNとBBCを見ています。日本の番組を見ることは少なく、外国の番組のほうを中心に見ています。なぜなら、日本の番組では絶対に得られない情報が入ってくるからです。CNNは、やはり全世界をカバーしています。BBCも同様です。

『救国の志』112-113ページ

1983年5月にアメリカに行って、最初の衝撃は、テッド・コッペル（Ted Koppel）がアンカーを務める報道番組「ABCナイトライン（Nightline）」を観た時です。「ニュースって、こんなに面白かったのか」という驚きでした。

一つの議題について、異なる見解を持つ二人を出演させ、ディベートさせていました。それぞれに意見を言わせ、互いに議論させるのですが、ものすごくフェアに扱うのです。それを聴いていると、考え方の違いがくっきりと明確になって、問題の本質や論点が見えてきます。今では日本でもディベートする番組が出てきましたが、レベルが違います。正直、日本の討論番組は見るに堪えません。

ニュースそのものも、大川総裁が指摘するように、ＣＮＮやＢＢＣを見ると、目の付け所が鋭くて、とても勉強になります。単純にアメリカ側の意見を報じるだけでなく、イスラエルやパレスチナ、それぞれの立場の見解も紹介しますから、物の見方が立体的になり、時代の流れを読んだり、国際情勢を見るのに非常に参考になるのです。

日本のニュース番組は、一面的で表層的、しかもステレオタイプの結論を言って終わることが多く、がっかりします。

世界を舞台に仕事をしたり、国際的なリーダーとして活躍することを目指すなら、まず英語のニュースを理解できるようになるべきです。

英語ニュースを理解できるようになると、日本のマスコミのウソや情報操作が見抜けるようになりますし、日本では得られない情報にアクセスできます。ある意味、日本はまだ「情報鎖国」状態です。日本のマスコミの言うことだけを聴いていると、世界の流れを見失う恐れがあります。

大川総裁は、インターナショナル・ヘラルド・トリビューンとフィナンシャル・タイムズの英字紙2紙をわずか5分で読んでいると言います（注1）。このレベルに至るのはとても無理だとしても、英語の情報源を持っておくことは大切です。英字新聞の見出しを読むだけでも違います。何を1面で扱っているかを確認するだけでも、物の見方が複眼化してきます。と同時に、異文化や多様性を理解し、面白いと感じられるなら、英語での仕事は実り多きものとなるでしょう。

日本の「言挙《ことあ》げしない文化」は、世界では通用しない

英語学習には、異文化理解、すなわち日本文化とは違う文化についての学習も同時に入っています。英文法の奥にも、文化の違い、思考形態の違い、発想の違いが見えてきます。英語論は、文化論、文明論にまでつながるのでしょう。逆に

言えば、その日米文化の違いをつかめば、英語的な認識が可能になります。

その意味で、異文化を理解しようとする心がなければ、英語はできるようになりません。また外国語を勉強しなければ、本当は「日本語とは何ぞや」も理解できないのでしょう。

アメリカで仕事をしていると、物の見方や考え方がアメリカに馴染《なじ》んできて、逆に日本のことや日米の国民性の違いが、よく見えるようになってきます。

日本文化は、「言挙《ことあ》げしない文化」です。日本人は、単一民族の同質性や純潔性を誇っているところがあり、調和を重んじ、争いを嫌います。604年制定の聖徳太子の「十七条の憲法」第一条「和を以て貴しと為し、忤《さから》ふること無きを宗《むね》とせよ」が、その後1400年間、日本の国是のようになって、日本人の美徳の基調となりました。同時に、本心を言わないカルチャー、以心伝心で、口に出して言わなくとも悟れ、忖度《そんたく》せよという文化があります。物事を明確に言わず、当たり障りのないよう、できるだけ何でも穏便に済まそうとするので、善悪、正義とは何かが、はっきりしません。

これに対して、アメリカは移民でできた多民族国家です。日本のように「察しの文化」ではなく、「口で言わないと分からない」が前提です。そのため自己主張が激しくなるディベート文化です。アメリカに訴訟が多いこととも関係しているでしょう。ただ、コミュニケーションして、お互いの違いを理解・尊重しようとするフェアな姿勢は、国民性としてあります。

英語でロジカル思考を身につける

英語の大きな特性は「論理的である」点です。イエス、ノー（Yes, No）をはっきりさせ、ホワイ、ビコーズ（Why-Because）で理由を説明させ、主語を明確にすることで責任の所在を明らかにします。

英語はロジカル（論理的 logical）な言語です。英語は常に「明快な論理」を意識しています。英語を学ぶとロジカル思考（logical thinking）が身につくことも、英語学習の効用でしょう。

２０１２年11月にアメリカの大統領選がありましたが、オバマとロムニーのディベートは、この英語の特性をよく表していました。

外交、軍事、経済、福祉といった様々なテーマについて、「私はこういう考え方が正しいと思う。ゆえに、こうした政策を採る。こちらの方向に国を引っ張っていく。だから私を支持してほしい」とはっきりと訴えます。論理が明快で、曖昧な言葉がないのです。ここに、アメリカ政治の面白さが表れているように思います。

日本では、マスコミに揚げ足を取られないように、政治家は明確な表現を避けたがります。全く対照的です。日本の選挙では、言葉を不明瞭にして話をし、選挙に勝ったら、言うことを変えるような戦術を取っていますが、卑怯です。

アメリカでは、明確に言わないと、「それは、こういう意味か？」「このように考えてよいのか？」と、すぐさま確認してきます。曖昧な表現を許さず、論理をクリアにしていくのです。論旨を明快にできないと馬鹿だと思われるのがアメリカです。日本では逆に明快に言うのが馬鹿だと思われる傾向がありますが、国際社会では通用しません。アメリカに限らず、国際的な舞台で活躍したいなら、論理を明快にする習慣をつける必要があります。

ただ、日本人はもともとロジカル思考ができないという批判はあたりません。日本人は、漢学を学び、特に儒学においては、実に簡潔にして要を得た、論理的思考の極みのような文章で学問表現をしてきました。大川総裁は、この漢学の伝統から、明治以降、「英語学習法」を確立したのは日本人の功績であると指摘しています（注2）。

イエス・ノーをはっきりさせ、その根拠を示す

論理を明快にするということは、イエスかノーかをはっきりさせることでもあ

ります。アメリカでは基本的にイエスかノーかの二者択一です。白黒をはっきりさせます。日本のように、イエスでもノーでもないというグレーゾーンをあまり残しません。

同時に、「なぜ?」(Why?)、「なぜなら」(Because)が出てきます。「なぜ、イエス/ノーなのか?」「なぜなら、こうだからだ」と、理由が明確に語られます。これは、各人が、様々な事柄について理由を持って価値判断しているということを意味します。子供の頃から、そのような思考に慣れているわけです。

最後に結論を言う日本人にアメリカ人は苛立つ

これとも関連しますが、英語は、結論を先に出すことを好みます。英語には伝えたいものを先に出す傾向があるのです。結論を述べた後で、その理由を述べます。日本人的にいろいろ言った後に、最後に結論を述べるという思考法は、時にアメリカ人を苛立たせます。最初に結論を言う努力をすべきでしょう。

大事なことを前に持ってくる、この違いは言語にも表れています。英語では、I do not と、最初に否定だと分かりますが、日本語は、「私は……です」「私は……ではありません」と、最後まで聴かないと、肯定なのか否定なのか、その立場が分かりません。日本語は遠回しに表現し、英語は、直接的（straightforward）です。

エールSOMのある授業では、課題を毎回レポートで提出するのですが、そのレポートは1ページに収めなくてはいけないとの決まりがありました。エグゼクティブ（executive）たちは、皆、忙しく、1ページぐらいしか読まないので、まず結論を書き、その要点を1ページにしてまとめる訓練をしろと言われていました。

日本の会議に散見される、上司の顔色をうかがいながら、結論を言わない説明を長々とする風習は、アメリカ人には耐えられないでしょう。

主語をはっきりさせ、責任の所在を明らかにする

英語には「主語をはっきりさせる」という特性もあります。日本語では主語を省略できます。必ずしも「私は」「あなたが」と言わなくても済む言語です。

しかし、英語では、I（私は）、You（あなたは）、He（彼は）、She（彼女は）と、主語を明確にして区別しようとします。これで「責任の所在」「誰の責任か」がはっきりするのです。

責任の明確化は、特にアメリカのような移民でできあがった国には不可欠であり、「多民族国家としての智恵」でもあるのでしょう。様々な宗教や多様な価値観を信じている人たち同士が自由な社会をつくるには、各人の責任を明確にする必要があるからです。

自由には責任が伴います。自由な生き方をしても構わないけれども、問題が生じた時は、その責任は個人に帰することになります。

このように英語は主語をはっきり立ててくるのに対し、日本語では、主語が往々にして省略されます。この文化の違いが欧米の個人主義を際立たせます。日本人は自己主張が弱いとされる点も、主語を立てない文化、単数・複数を分けない文化と関係があるように思います。これが日本的文化を、良い意味でも悪い意味でも、曖昧にしています。要するに、主語を立てれば、責任の主体がはっきりして、角が立つ、調和が乱れるという配慮なのでしょう。何か問題が起こっても、日本では、個人責任を問いにくい雰囲気があり、全体のせい、システムのせいになりがちです。

主語を隠したがる日本人の気質

英語が、主語を特定することで責任の所在を明確化するのに対して、日本人の思考は違います。細かい話に聞こえるでしょうが、日本人の英語は「受動態を使いたがる」癖があるところにも、これが現れています。結構、日本人気質の本質を突いています。

例えば、“He was attacked.”（彼は攻撃された）と言うと、アメリカ人は“Who attacked him?”（誰が攻撃したの？）と聞いてきます。私も一度注意されたことがあります。あまり意識したことはなかったのですが、「Tomoは、ちょっと受動態が多い。もっと能動態で話すべきだ」と言われました。主語が誰なのか、はっきりさせよというわけです。

日本人の感覚では、受動態を使えば、主語を使わずに済みます。同時に、責任の所在を不明確にできます。人間関係で角を立てるのを嫌がる日本人にとって、受動態は便利な表現です。一種の自己保身なのかもしれません。

日本人は、主語がなくても平気です。例えば、川端康成《かわばたやすなり》の小説『雪国』の冒頭の「国境の長いトンネルを抜けると雪国であった」は、美しい名文だと言われています。しかし、英語的には、「主語は何か。私か、汽車か、車か？」と気になります。翻訳者泣かせですが、エドワード・ジョージ・サイデンステッカー（Edward

George Seidensticker）は、この後の描写に続くよう主語を汽車にして、英訳“*Snow Country*”において“The train came out of the long tunnel into the snow country.”と訳しています。英語は登場人物やシチュエーションを厳密にする論理的言語なのです。

英語には、無生物主語（inanimate subject）まであります。“A ten-minute walk led me to the station.”（十分の徒歩が、私を駅まで導いた）。日本語にはない表現でしょうが、最近は、このような英語表現が日本語の文体にも影響を与えているものが見受けられます。

日本語と英語にはこのように思考経路や発想方法に違いがありますので、英語を学ぶことで、日本人であっても思考の回路が変わってきます。ある意味で、日本語論を、逆の立場から見ることができます。英語を学ぶことで日本語の正体がつかめるのかもしれません。

日本人が仕事で起こす典型的なトラブルとは?

以上のような、英語の特性や思考方法の違いから、日本人が英語圏で起こすトラブルやコミュニケーション問題をよく見てきました。

前述の通り、英語は論理的で、Why-Because が出てきます。部下のアメリカ人から質問されても、日本人は結論だけを言い、理由を説明しない傾向がありました。理由を聞かれると怒る日本人までいます。英語での説明が面倒なのか(これが一番、多いでしょう)。そこまで理由を練りこんでいないのか。上司に質問するなど生意気だと考えているのか。あるいは、そこで言質《げんち》を取られて後で責任を取らされないように防波堤を張っているのか。いろいろ理由はあるでしょうが、やはり、英語思考で、理由を説明する訓練はすべきでしょう。

日本人の意見に対して、自分の意見を言ってくるアメリカ人がいます。それは、日本人の意見や人格を否定・批判しているのではなく、ただコミュニケーションをとって、自分の意見を聴いてほしかったり、互いに議論したいだけのことが多いのです。

何らかの提言を受けて、黙ってしまう日本人も問題でした。その場で結論が出せないのなら、“Let me sleep on it.”（一晩、考えさせてくれ）等、何らかの返答はすべきです。日本人的な「沈黙は金」では通らないことを知るべきでしょう。中途半端に黙っていると、承認したと誤解されることさえあります。海外では「不立文字《ふりゅうもんじ》」は文字通り、立たないのです。

日本人の上司が、アメリカ人の部下に、受験英語で学んだ通り、“You must……”や“You have to……”を連発して、反発を買っているのも、よく目にしました。信頼関係ができていないと、このような命令口調は、通常、逆効果です。

また、アイデアを出すために、「ブレインストーミング」（brainstorming）を行うことがあります。その時に参加者が、上下意識もなく無礼講で、制約なく思い思いの意見を言って、盛り上がるのですが、突然、「それはおかしい」などと、日本人上司が物言いをつけ、場を凍てつかせて、終わりになることがあります。

総じて、日本人にはもう少しフランクな気質が必要です。まだ昔のお侍さん的な階層カルチャーや官僚的な上下感覚が残っていて、上手にブレストができない体質があるように感じます。

日本人は、周りと違う人に対して、村八分で排斥したり、いじめたりしがちです。もう少し寛容な心で、個性の違いや多様なる価値観を楽しむ気持ちがあれば、いろいろな人から、いろいろなことを学べるようになり、人生経験が豊かになるでしょう。

日本では考えられないアメリカにおける自由の重さ

アメリカでは、毎年7月4日の独立記念日に各地で花火が上がり、国民はその独立を祝います。私は、アメリカほど、フリーダム（freedom）やリバティ

（liberty）、インディペンデンス（independence）など「自由と独立」という言葉が似合う国はないと思います。

オバマの登場で、陰りが出てきているとはいえ、現段階で「自由の大国」と言って思い浮かべる国は、やはりアメリカです。残念ながら、まだ日本を思い浮かべることは難しいでしょう。

アメリカに「C－SPAN」という政治を専門とするチャンネルがあります。2011年9月のことですが、そのC－SPANを見ていて、自由を重んじるアメリカの凄《すご》みを感じたことがあります。

大統領選を控えて、共和党の候補者を絞るために、ディベートをしていました。当時、オバマ政権が推進する医療保険改革法（いわゆるオバマケア）が、国民の保健加入義務化の是非などを巡って、国論を二分し、大統領選挙の争点ともなっていました。国民皆保険制度が定着した日本と異なり、「自由」を国是とし、自助精神を重んじるアメリカでは、公的保険を「社会主義的」と批判する意見が根強くあります。最終的にはロムニーに決まりましたが、当時は6人くらいの候補者が予備選挙に出馬して、議論を戦わせていました。

その一人にロン・ポールという筋金入りのリバタリアン（自由主義者、注3）がいます。オーストリア学派の影響を受けて、ハイエクの思想を信奉している方です。福祉についての議論になった時に、司会者が次のような質問をしました。

「保険に加入しない道を選んだ若い男性が、交通事故で瀕死の重傷を負った。ところが、彼は保険に入っていないので、手術を受けるだけの医療費を支払えない。彼は死んでいくしかないのか？」

ロン・ポールが何と答えたのでしょうか。

ロン・ポールは、「そうだ。彼は死ぬのだ。それが自由というものだ。決断に伴うリスクは自分自身が負うのだ」と答えたのです。しかも、それを聴いた聴衆から大歓声と割れんばかりの拍手が起きたのです。日本では絶対に見られない光景でしょう。日本の政治家が、そのような一見、無慈悲なことを言うと、マスコミの袋叩きに遭うはずです。

私はロン・ポールの考え方を全面的に支持しているわけではありませんが、ここにアメリカの自由の大国としての強さが象徴的に表れていると思いますし、世界中の人々を惹きつけてやまない魅力があると考えています。

アメリカのドラスティックなイノベーション志向

自由がもたらすアメリカのダイナミズムとして、イノベーションの速さがあります。

アメリカの方針変更は大胆でドラスティックです。こっちが駄目だと思えば、あっちにふれます。大胆に逆側にふれていきます。ヘーゲルの弁証法でいう「正・反・合」が明確なのです（注4）。日本では内科療法のように、少しずつ変えていくところを、アメリカは外科手術のように、ドラスティックに変えていきます。

論理的思考を持つ国民性も影響しているのでしょう。

国の方針、様々な制度やシステム、経営手法や教育のあり方にしても、時代遅れ、不必要、あるいは、新しいニーズが出てきたと判断すれば、容赦なく変えていきます。

「イノベーションとは体系的廃棄である」とドラッカーは説明していますが、日本ではその意味が十分に理解されていないようです。物事を白紙に戻して考え、不要なものは一気に廃棄する、それがイノベーションです。

日本では、集団的自衛権の問題や原子力発電所の再稼動の問題など、いつまでも議論をして結論を出しません。出したと思っても、世論の反発があると、すぐに引っ込めてまた議論を始めます。ずるずると世論が形成されるのを待っている印象を受けます。

民主主義とは、自分たちで国家のあり方を変えていく政治体制ですが、海外から見ると、日本は優柔不断で、なかなか物事が前に進んでいかないもどかしさがあります。遊んでいるのではないかと思うほどです。本当の意味で、日本では、まだ民主主義が成熟していないのではないかと危惧させます。

世界に責任を感じているアメリカ、世界に無関心な日本

オバマ政権になり、アメリカは「世界の警察官」であることを止め、国内問題のほうに眼を向けがちです。オバマの次の指導者は、その揺り返しとして、「強いアメリカ」を打ち出してくるだろうと予想しています。ただ、地球全体を見た時に、アメリカは、今でも全世界に責任を感じており、それがアメリカの偉さだと言えるでしょう。

アメリカは考えに考えた上で、「これが正しい」と思ったことは、必ず実行するところがあります。「正義とは何か」という観点から、判断し、その責任を果たそ

うとします。英語を学ぶと、こういった「判断力」「責任感」「正義」の資質も身につけることができるのではないかと思います。

エール大学では、東部エスタブリッシュメントの考え方も学びました。妻が学部（undergraduate）の授業を取っていたので、学部生たちともよく話をしました。彼らにとっては、もちろん、アメリカの国益が第一の優先事項でしたが、世界の超大国として、世界に責任を感じているということを、その発言の中に感じさせました。保守的ではありますが、愛国心を持ちつつ、アメリカのみならず、世界に責任を感じていました。学部生には、東部のボーディングスクール出身者も多く、ノーブレス・オブリージ（高貴なる義務）の使命感、東部エリートたちの誇りと気概は、今も息づいているのだと感じました。日本は最近まで、一国平和主義で、世界に対しては、ある意味、無関心、無責任でした。

発信力を身につければ、日本人は最高最強の国民になる

もちろん、日本的なものがすべて悪いと言っているわけではありません。これまで私も世界40カ国を回って、いろいろな国民を見てきましたが、私の結論は全く逆です。日本人の国民性は極めて良質、最も優秀だと実感しています。海外に出ることで、日本人や日本文化の素晴らしさを理解できるのも、海外を知る利点の一つでしょう。日本だけにいて、偏狭な国粋主義者になったり、逆に日本に対する不平不満ばかり言う人もいますが、世界に出ると、客観的に見ても、日本人がいかに素晴らしい国民性を持っているかが、しみじみ分かるようになってきます。

日本人の美徳としてよく挙げられますが、誠実、正直、努力、勤勉、倫理性が高く、相手の立場や人を思いやる心もあります。東日本大震災で見せた忍耐強さ、互いに助け合う心、譲り合う姿勢は、世界の称賛を浴びました。日本人は自覚していませんが、あのような大震災があった時に、暴動も略奪も起きないのは、世界の中で、日本くらいでしょう。真面目に学び続けていく姿勢、散財せずコツコツ貯蓄するところ、どれをとっても世界トップクラスです。これらは誇っていいものだと思いますし、実際に高く評価されています。

しかし、残念ながら、決定的に欠落しているものが一つだけあります。それが「発信力」です。それは、前述した日本文化の特性と無関係ではないでしょう。日本人の美徳が、国際社会において仇《あだ》になっているのです。日本人にも英語の実力はあるのですが、性格的にディベート向きではないところも大きく影響して、自分の考えを明確に打ち出すことができずにいます。

そのため国際社会からは、日本人は、「価値判断しない」「善悪の判断ができない」「自分の意見を明確にすることも、自己主張もできない」と見られています。

この意味で、自分の考えや責任の所在をはっきりさせて、明晰な論理で世界に意見発信していく力が求められます。そのためには発信の中身を充実させるとともに英語力が不可欠です。逆に言えば、これら日本人の美徳に加え、発信力を身につけられれば、最高、最強の国民となるでしょう。もしかしたら、次は、アメリカが日本化し、日本がアメリカ化していく時代かもしれません。

第1章でも触れましたが、日本の英語は今、第三段階に来ています。第三段階とは、英語で世界に意見発信をするということです。今、日本は、技術力、経済力、文化のレベル、どれをとっても世界をリードできる力を持っています。そうであるなら、その実力に見合った責任を世界に対して果たす必要があります。

KY、つまり「空気が読めない」ことは、日本国内ではマイナス評価でしょうが、「空気を読まない」ことは、国際政治では、時に力になります。中国や韓国に対して、日本なりに空気を読んでいるのでしょうが、他国の空気を読んで自国の立場を変えたり引っ込めたりしている国など、一つもありません。基本的に、まず自国の立場、国益を主張します。日本も堂々と発信し、世界をリードすべきです。

鮮やかな英語の切り返しで日本人の気骨を見せた岡倉天心《おかくらてんしん》

これまで、世界に発信した日本人として有名な方は、現在、新たな宗教思想を全世界に発信している大川総裁を除けば、残念ながら、英文で『武士道』(“*Bushido: The Soul of Japan*”)を書いた新渡戸稲造《にとべいなぞう》や、英文の『茶の本』(“*The Book of Tea*”)を欧米でベストセラーにした美術史家の岡倉天心《おかくらてんしん》など数名でありましょう。小さな話ではありますが、この岡倉天心に「切り返しの逸話」があります。

1903年(明治36年)、岡倉天心はアメリカのボストン美術館からの招聘《しょうへい》を受け、横山大観《たいかん》、菱田春草《ひしだしゅんそう》らの弟子を伴って渡米しました。羽織袴で一行がボストンの街の中を闊歩《かっぽ》していた際に、一人の若いアメリカ人から声をかけられました。

“What sort of nese are you people? Are you Chinese, or Japanese, or Javanese?”(お前たちは何ニーズだ? チャイニーズか、ジャパニーズか、それともジャヴァニーズ〈ジャワ人〉か。)東洋人に対する偏見に満ちた蔑視《べっし》的な呼びかけです。

岡倉天心は、すぐさま次のように切り返しました。

“We are Japanese gentlemen. But what kind of key are you? Are you a Yankee, or a donkey, or a monkey?”（我々は日本人紳士である。ところで、あなたは何キーだ？ ヤンキーか、ドンキー〈ろば、馬鹿者の意〉か、それともモンキーか。）

英文学者の斎藤兆史《よしふみ》著『英語達人列伝』（中公新書）の中でも、この話が紹介されていますが、すごい切り返しです。英語での驚異的な反撃力です。明治時代の方々の英語力と気骨に頭が下がります。

私たちも、まず日本人としての誇りと気概を取り戻し、個人レベルだけでなく、国家レベルでも、見識やモラルの低い国の発言や行動に対しては、きちんと切り返した上で、堂々と正論を主張し、世界を導くべきです。

日本人としての誇りを取り戻すには、戦後の自虐史観を払拭する必要があります。現在の日本人の問題の根底には、自分の国の良さを世界に発信できない贖罪《しょくざい》史観による愛国心の欠如があるからです。自虐史観を引きずる中からは、傑出した人物は出てこないでしょう。

教養の厚みなしに英語力だけでは勝負できない

ただし、世界に意見発信するにあたって気をつけたいのは、英語力だけでは駄目だということです。大川総裁も指摘しているように英語で話す内容の中身がなければ通用しません（注5）。その内容について、日本語で話せないなら、英語でも絶対に話せません。質疑応答も日本語で答えられなければ、当然、英語でも答えられません。中身がないと議論もできません。自分の意見、自分の立場がはっきりしないならディベートもできないのです。そのために、常々、自分の考え方を整理しておくことです。

世界を相手に何かの交渉をするためには、自分自身の意見がなければいけませんし、教養の厚みがなければ相手にされません。相手に「この人はなかなかの人物だ」と評価されなければ、まともな仕事にならないからです。新渡戸稲造が国際連盟の中で、事務次長として深い尊敬を受けたのも、その教養の深さによるところが大きかったでしょう。

自分の信じる宗教について、自分が影響を受けた思想・哲学について、日本の文化の特徴について、歴史について、一定の見識がなければ、深い話は交《か》わせませんせん。商売の交渉だけであれば、教養がなくても何とかなるかもしれませんが、そこから大きく発展させることは難しいでしょう。いわんや国際社会のリーダーとして、世界の難問を解決したり、政治的・経済的リーダーシップを発揮しようとするなら、英語力だけでは仕事にならないと言えます。

新渡戸稲造が『武士道』を書いた動機として、ベルギーのラブレー法学教授から日本の宗教教育について聞かれた時、即答できなかったからという話があります。「人間が真に人間になるためには宗教教育が必須である」ことは、世界の常識です。そう考えない「日本の常識」は「世界の非常識」なのです。

教養の基本はどの国でも宗教です。幸福の科学の仏法真理の中には大学生レベルを超える大人の教養が入っていますので、それを学ぶことで「真の教養人」が育ちます。価値判断やものの考え方の基本も涵養《かんよう》するので、外国に出た時に、十分にディベートできる素地をつくります。

このように、世界に通用するには、英語力と中身・教養が必要です。大川総裁の英語教材、特に、『黒帯英語』シリーズには、教養と時事問題が両方入っていますので、英語力と教養と時事対談力を同時に深められます。

自由の大国の新たな課題

さて、自由論や文化の違いとの関連で考えるならば、現在、同性婚の問題も欧米では切実です。その法制化も含めて、「個人と国家」の難しい問題を含んでいます。どう答えたらよいのか。単に個人の自由の問題と捉えるのか。それとも、結婚・家庭制度の維持等の観点から考えるべきなのか。それを国家単位で考えるのか。あるいは全世界的に歯止めがいるのか。世界の指導者であるオバマとプーチンの意見も異なります。オバマは支持していますが、プーチンは反対しています。アメリカでは2013年6月、連邦最高裁が同性婚者にも異性婚者と平等の権利を保障するという判決を下しました。

幸福の科学では、神話に登場するような神々や歴史上の偉人の考えを「霊言」という形で収録し、書籍化するなどして公開していますが、この問題については、意見が分かれるようです。例えば、イエス様と天照大神様では、同性婚への捉え方も違います(『イエス・キリストに聞く「同性婚問題」』『天照大神の未来記』、注6)。

オバマが2012年6月に同性婚を公に支持した頃から、マンハッタンでは、堂々と男同士で接吻する姿が目立つようになりました。私はよく、ハドソンリバー公園（Hudson River Park）をハドソン川に沿って、ニューヨーク支部のあるトライベッカ（Tribeca）からチェルシー（Chelsea）あたりまでランニングしていました。チェルシー地区は、同性愛者のメッカで、あちこちにその象徴であるレインボーフラッグ（虹の旗）が掲げられています。その川沿いのコースを走っていると、遊歩道のベンチでカップルが仲睦まじくしています。最初は、微笑ましい光景だと思っていたのですが、よく見ると女性が随分と大きい。近づいてみたら、男同士が堂々とディープキスをしていました。さすがに最初に見た時はショックを受けました。

2013年のニューヨーク市長選に出たクリスティン・クイン（Christine Quinn）は同性愛者であることを公言していました。「NY One」というニューヨークについてのニュースを一日中やっているチャンネルで、弁護士でもある配偶者の紹介をしていましたが、her wife（彼女の妻）という表現を使っていました。His wifeでなくHer wifeです。初めて聴く表現で、クラッときました。

幸福の科学のアメリカ人信者の中にも同性愛者はいます。アメリカには、幸福の科学の六つの支部がありますが、私自身、ある支部で女性信者から「幸福の科学の教会では同性愛者の結婚式を挙げてくれるのか」と問われたことがあります。また別の支部の信者には男同士で結婚して養子をとっている典型的な例もあります。総じて、クリエイティブで、優秀な人も多いので（注7）、グーグル（Google）、インテル（Intel）、マイクロソフト（Microsoft）、アップル（Apple）等は、企業として、同性婚を支持しています。

アメリカで仕事をする際には、このような問題に、連邦裁の判決に伴う対応も含めて、英語で対応していかなくてはなりません。良し悪《あ》しはともかくとして、日米の文化の違い、社会の違いがあるわけです。

アメリカではドラッグやアルコール中毒の問題も深刻です。人生相談も数多く受けましたが、非常に根深いものがあります。アメリカは現段階では、世界で最も繁栄している国ですが、一方で自由な競争社会がもたらす弊害もあるわけです。人々の精神が健全であれば、自由は繁栄を生みますが、そうでなければ、自由は堕落を生むこともあります。この影の部分、病んだ部分をこれからどう解決していくかは、宗教としても大きな課題です。

エンロン事件を機に倫理性に注目した アメリカのビジネススクール

近年、アメリカのビジネス界において、経営者の倫理性のところが注目されています。きっかけは、２００１年のエンロン（Enron）と、２００２年のワールドコム（Worldcom）の破綻です。

特に、エンロン事件の巨額の粉飾決算による破綻は衝撃的でした。共謀《きょうぼう》と詐欺《さぎ》で、有罪、収監されたエンロンの元ＣＥＯが、ハーバードビジネススクール（ＨＢＳ）

の卒業生だったので、当時、「ビジネススクールでは、一体どのような教育をしているのか」との批判が続出しました。さすがに、この事態を受けて、ビジネススクールでは、「スキルばかり教えていて、大切なことを教えてこなかったのではないか」という反省が入ることになりました。

その結果、強化されたのが、倫理とリーダーシップ、コミュニケーションの授業です。従来は選択であったこれらの科目が必修科目へと変わっていきました。カリキュラムを大幅に組み替え、精神性を重視したリーダーシップ教育や人材論を教えるようになったのです。最近では、従来の経営手法等のハードスキルに対し、人々を導くリーダーに必要なソフトスキルとして、精神性や倫理性がビジネススクールの大きなテーマになっています。

ちなみに、私が留学していた頃は、エールもまだハードスキルが中心でしたが、ＩＧＢ（Individual and Group Behavior）という面白い授業があって、個人のスキルではなく、チームワークの価値とリーダーシップの手法を教える授業がありました。7人でチームをつくって様々な取り組みをするのですが、各人の最終評価はチームとしての評価になるのです。ある人はリーダーとして活躍したからAで、別のメンバーは活躍できなかったのでCとかいう評価ではなく、チーム全体でAとかBとか評価されるのです。良い評価を得るためには、いくら個人で活躍しても駄目で、メンバー全員で協力し合わなければなりません。

実は、このやり方は日本から学んだものです。1980年代は「和」を重視する日本型経営がもてはやされていて、日本的なチームワークによる相乗効果(synergetic effect)の大切さを学ぼうとしていたわけです。今でも仲の良い7人のエールの友人は、私以外、皆、WASP(White Anglo-Saxon Protestant)ですが、この時のIGBメンバーです。

人柄は万国共通——日本で嫌われる人は海外でも嫌われる

また、英語力以前の問題として、人柄に対する見方は、海外のどこでも、よく似ています。

例えば、幸福の科学の日本人支部長が、日本にいる時に、「彼の長所はここで短所はここだ」と言われたことは、アメリカに行っても全く同じことをアメリカ人から言われています。基本的に日本で愛されるところはアメリカでも愛されますし、日本で嫌われるところは、アメリカでも嫌われます。これはブラジルでもインドでも同じでした。少なくとも人柄や人格に関する見方はほぼ一緒なのです。

個性が強くて日本では受け入れられなかった人が、外国に行って成功するケースもありますので、その評価は、国民性によって多少、違います。ただ、性格への見方自体は、基本的には似たものになります。例えば、上から目線の偉そうな態度で接する上司などは日本の会社でよく見かけますが、アメリカでも反発されます。

大川総裁も「アメリカ人は実に慧眼《けいがん》ですよ。『人物の重さを見抜く目は、日本人以上だ。すごいなあ」と思うよ。多民族国家のなかで多くの人を見てきているだけあって、目が肥えていていているよね。だから、中身を見るのは早い」ということを述べています（注8）。

このように、人柄についてはごまかすことはできないので、日本にいるうちから、仏法真理をきちんと学んで、人格を高める努力が大切です。

幸福の科学大学では、経営や仕事についても、経営成功学部で教える予定です。英語やビジネスのスキル、そして異文化コミュニケーションの秘訣などもしっかりと修得してもらいますが、倫理性や指導者論も教えていきます。どんなスキルも、人々の幸福に役立つためにあります。「利他の精神」「愛他の精神」を持ってこそ、真の成功につながるのだということを教えていきたいと考えています。

（注1）『大川総裁の読書力』151ページ。

（注2）『英語が開く「人生論」「仕事論」』には、「ちなみに、日本の受験英語業界には、中学・

高校用の参考書や問題集がたくさんあります。英語の勉強論が確立して百数十年がたつわけですが、これは、日本独自に発達したもので、もともと、欧米圏には、こういうものはないのです。／英語学習法を確立したのは、日本人の功績です。／日本には、江戸時代から続く、漢学の伝統があり、『語順の違う中国の漢文に、返り点を打って、書き下し文にし、日本語にして読んでいく』という勉強法がありましたが、それを、明治以降の人たちが、英語版としてつくりかえたのです。つまり、横文字を縦に直す方法ですね。／これは、日本独自の勉強法であり、韓国などにも、受験勉強の仕方として入っていきました。だから、元は、漢学の伝統から入っていると思われます。勉強の仕方としては、ほぼ同じやり方です。」（31‐32ページ）とある。

（注3）自由と個人責任を重視し、政府の役割を最小限にとどめる小さな政府を志向する。

（注4）ヘーゲルの弁証法とは、「自己の内にある矛盾をみずからの発展によってなくして、あたらしく統合された統一に到達する理論」（小学館『新選国語辞典』）。ある命題（テーゼ＝正）と、それと矛盾、あるいは否定する反対の命題（アンチテーゼ＝反対命題）と、そ

れらを統合した命題（ジンテーゼ＝合）の三つで構成される。

（注5）『不況に打ち克つ仕事法』には、「英語も、最後には、英語の力の戦いではなく、実は日本語の戦いになります。『日本語としての教養を、どの程度、持っているか』ということが、本当は効いてくるのです。ある分野に関する教養がなければ、それについて英語で話すことは、実際には不可能です」（139-140ページ）とある。

（注6）『イエス・キリストに聞く「同性婚問題」』において、イエスは、同性婚について「自由に選んでください。その結果には責任が生じます」（139ページ）と答えている。一方、『天照大神の未来記』において、天照大神は、同性婚を認める法律を定めることについて、「国家の終わりです」（80ページ）と反対の意を示している。

（注7）都市におけるゲイの集中度とハイテク産業の集中度は相関しているという研究もある（リチャード・フロリダ．2008）。

（注8）大川隆法・大川咲也加・大川裕太『大川裕太のアメリカ英語武者修行―鼎談・大川隆法VS.大川咲也加VS.大川裕太―』（209ページ）

第 5 章

実戦英語仕事学②

国際伝道師として活躍するためには

幸福の科学における伝道の原点とは

第5章では、宗教者や聖職者にとっての英語仕事学について考えてみたいと思います。宗教者が英語を必要とするのは、海外伝道をする場合でしょう。

伝道とは、「道を伝える」ことです。「幸福になる法」を伝えることです。英語などの外国語の修得はそのための手段ですが、まずは「真実の法を知った喜び」が、伝道の出発点です。この喜びがなければ、英語を勉強しても、本当の意味で熱が入らないでしょうし、伝道にも成功しないでしょう。

そこで、幸福の科学における伝道について、確認しておきたいと思います。

幸福の科学は「イイシラセ」から始まりました。1981年3月23日、天上界から大川隆法総裁に通信が開始され、自動書記による最初のメッセージが「イイシラセ」でした。以後、霊言という形で、より具体的なメッセージが、天上界の諸霊から送られることになり、現在の幸福の科学の源流になっていきました。『太陽の法』には、この時の模様が次のように紹介されています。

突然、自室の中に目に見えないものの気配を感じました。そして誰かが自分に話しかけようとしているという気持ちに打たれ、急いでカードと鉛筆を用意しました。すると、鉛筆をもつ私の手が、まるで生きもののように動きはじめ、「イイシラセ、イイシラセ」とカードに何枚も書きはじめたのです。そして、「おまえはなにものか」とたずねると「ニッコウ」と署名します。日蓮六老僧の一人、日興による自動書記だったのです。

私は驚きました。私自身は、日蓮宗には全くかかわっておりませんでしたし、「イイシラセ」というのは、キリスト教的にいうと「福音」ということですから、何らかの霊的覚醒の瞬間が訪れたことを直感しました。そして何よりもこの身で、あの世があり、霊的存在があり、人間が不滅の生命であることを知ったということは大きな驚きでした。

『太陽の法』349-350ページ

この時、何度も何度も「イイシラセ」と書き続けたため、「『イイシラセ』は分かりました。それ以外には何かありませんか」と大川総裁は問いかけましたが、それに対しても、やはり「イイシラセ」としか答えられなかったと、その時のことを教えて頂いております（注1）。

私はその時の天上界の念《おも》いを考えると、胸が一杯になります。長い間、待ち続けて、やっとコンタクトすることができた。嬉しくて、嬉しくて、もう感極まって、その言葉しか出せなかったのだろうと思います。

イイシラセとは「福音」です。福音とは神仏の言葉であり、人々を幸福に導く真実の法です。伝道の原点には、その福音を知った無上の喜びがあります。

幸福の科学は大いなる喜びの中で生まれました。その喜びを実感し、その喜びをもって法を伝える。これが幸福の科学の伝道です。

なぜ大川総裁の教えは世界100カ国以上に広がるのか

幸福の科学は、2014年8月現在、世界100カ国以上に信者がおり、現在、地球規模で数多くの伝道者たちが、そのミッションとして、大川総裁の説かれる仏法真理を伝えています。

私も、その教えを世界に伝える仕事をしてきました。直近の北米本部長時代には、アメリカ、カナダを担当し、伝道の旅で、北米の諸都市を回っていました。様々な取り組みをしましたが、例えば、アトランタ支部には毎月行き、信者向けの資格セミナーと一般セミナーを開催していました。反省修法においては、自分の過去を振り返っていくのですが、嗚咽《おえつ》して泣き始める人が出てきます。日本で行う反省系の研修では珍しくない光景ですが、アメリカでも老若男女の白人や黒人が法雨《ほうう》（注2）を流すのです。修法が終わると、皆、オーラに満たされたような平安な表情、心穏やかな感じに変わっていきます。

サンフランシスコ支部では、元大学教授の方が、大川総裁の説法を拝聴した後、大きな声で"Wisdom! Deep wisdom!"（智慧だ。深い叡智だ！）と叫んだこともありました。その教えが、智慧の塊《かたまり》に見えたのでしょう。

また、各地での私のセミナーでも、1時間半の講義の後、質疑応答が、会場が閉まるまで延々と2時間も続くことが何度もありました。大川総裁の教えに感動して、様々な真理をもっと知りたいという人が数多くいて、質問の手が上がり続けたのです。

こういう経験を重ねるにつれ、私自身の喜びも深くなりましたし、何よりも幸福の科学の教えが、その救済力が、日本だけでなく、世界の人々に通用することを改めて実感しました。そして、大川総裁が、日本人にとっての主であるだけでなく、全世界人類にとっての主であることを確信したのです。

この地球上で、大川総裁、すなわち、主エル・カンターレ（注3）の法を超えるものは存在しない。これは確信をもって断言できます。

アメリカのメガ・チャーチで牧師たちの話を聴いたことがあります。日曜の朝、テレビ伝道師たちが説教しています。彼らの話は上手だし面白いのですが、当会の仏法真理の観点から見れば、どう見ても内容がそれほど深いわけではなく、質問に答えきれていません。幸福の科学は、人類が持つ、すべての疑問、すべての「なぜ（Why）」に答えきれる宗教なのです。

凄まじい霊的バイブレーションがある英語説法

特に、英語で説かれた大川総裁の教えは、福音そのものです。日本語で説かれたものを英語に翻訳したり通訳を介したりすると、その翻訳者や通訳の悟り（認識）レベルに教えの内容が落ちてしまいますし、霊的なバイブレーションも直接伝わりません。しかし、直接、英語で話された説法については、凄まじい霊的バイブレーションがあります。光の塊です。

しかも英語そのものの特性もあって、内容や表現が極めてストレートになります。その分、教え自体が分かりやすく、また力強くなっていくように感じます。大川総裁もご自身で次のように指摘されています。

英語では、ズバッと言うと、そのまま〝直球〟で心に入ることがあるわけです。私も、まだ英語説法の練習中ではありますが、もう少し長く働けるならば、意外と、後世に遺るのは英語のもののほうで、日本語のもののほうは埋没する可能性もあります。

『英語が開く「人生論」「仕事論」』１４７ページ

大川総裁が、自身で外国の方々に直接法を伝えたいという姿勢そのものも感動的ですが、その内容自体が一般の人々にとっても大きな感動を呼ぶのです。私が雷に打たれたような電流が全身に走った御法話は、ロサンゼルス支部精舎で説かれた「Happy Attitude」です。この法話は、２００８年3月23日、当会の大悟《たいご》祭《さい》、かつキリスト教の復活祭の日に行われたのですが、「私がイエス・キリストの父であり、今、あなたがたを教えるために、ここに現れたのだ」という内容でした。クリスチャンにとっては衝撃的です。しかも、上からドーン！ と降りてくる感じの圧倒的な言魂《ことだま》で、聴いていてビリビリ痺れてくるほどの説法でした。弟子レベルが行っている説法とは全く次元が違うのです。明らかに〝神がかかってきている〟というか、救世主による〝光の洗礼〟なのです。

それはイエス様のインスピレーションを受けての御法話であったとうかがっていますが、正しく２０００年前のイスラエルでの「山上の垂訓」も、このような権威のある崇高な波動だったのだろうなと感じ入りました。日本語で説法された「復活の時は今」（１９９０年、幕張メッセ国際展示場、注４）と、この「Happy

Attitude」は、同じ波動でした。私は、この英語説法を聴いた時、「すべての生きているクリスチャンたちに聴かせてあげたい。どれほどの福音になるだろうか」と強く願いました。

「この感激を何としても伝えたい」「伝えたいことがある」という思い。それが「伝道の原点」であろうと思います。

宗教とは神と人とを再び結びつけるもの

宗教は英語で religion です。ラテン語から派生したものですが、原語の意味としては、re は「再び」で、ligion は「結びつける」ということです。つまり、「再び結びつける」というのが、religion の意味です。

では何を再び結びつけるのでしょうか。

一義的には神と人です。神と人はもともと結びついていたが、分かれてしまった。

だから、これを再びつなげようとするのです。

同時に、人と人です。信仰の下で、神から分かれてきた神の子である人と人を、再び結びつけようとします。

宗教は、信仰（神への愛でもある）によって神と人とを結びつけ、愛によって人と人とを結びつけようとするのです。

日本語で感動的な説法ができなければ英語でもできない

海外での講義やセミナーは、信者ではない一般の方々が対象です。しかし、その中に、多くの人々を幸せに導くような光の天使、光の戦士たちが必ずいるはずだという信念をもって、道を伝えることが大切です。偉大な使命を持った方々が必ずいます。私たちの話を聴いた人たちからも、まだ目覚めていない光の天使たちへと、この教えが伝わるのだという強い信念を持って、講義に臨むのです。参加者が少数でも、決して手を抜かないことです。たとえ一人であっても、全身全霊で臨み、一回一回の行事に魂を込めることです。

英語説法をするには、英語力も大事ですが、その前に、説法そのものの能力が必要です。日本語で1時間の説法ができない人は、いかに英語の達人であったとしても、英語で1時間の説法はできません。伝えるものがなければ、プロの伝道師にはなれないということです。その意味では、日本語で説法を数多くやってきた方は、その経験が自信になっていくでしょう。

換言すれば、日本語の説法で人を感動させられる人は、英語力が一定水準以上あれば、英語の説法でも感動させられると思います。要は、言語は違えども、心から発せられる願いや波動が伝わっていくからです。

人間は霊的存在なので、皆、霊的な光を感じます。伝道師たちの「人々に幸福になってもらいたいという愛の思い」は確実に人々の心に伝わっていきます。その私たちの純粋な思いに応じて、天上界の支援が臨むようになると感じています。

その意味で、宗教的な英語を使う人の英文等は勉強になります。ニュース英語には余韻がないので、文章としてはちょっと響きが足りません。心に響かない実用英語の限界です。宗教家や思想家などが書いたものや話したものは、とても参考になります。キング牧師の有名な“I have a dream.”演説なども、心を揺さぶります。

ちなみに、聖書の日本語翻訳については、文語訳から現代口語訳に変わって、随分、霊的バイブレーションが落ちたと感じます。特に、イエス様の格調の高い力強い言魂が弱くなり、これではキリスト教会の衰退を招くのではないかと心配するほどです。

英語伝道の具体的な勉強法としては、大川総裁の『実戦英語伝道入門』等の英語説法の表現集などをベースに、英語の大和《やまと》言葉で、力強い言魂の表現を覚えて、自分でも音読し、使えるようにします。

また、自分が聴いて、心に残った言い回し、光を感じた表現等あれば、ノートに記入しておいて使えるようにします。これも自分のノートを作ったほうがよいでしょう（第3章参照）。自分の心の琴線に触れた表現だから、話す時にも言魂に光が宿ります。

ただ、完全原稿を作って読み上げるだけなら、あまり感動を呼びません。目も聴衆のほうを見ず、下を向きがちになるでしょうから、なおさらです。安心立命のために、ある程度の説法内容の骨子を組み立てたら、あとは自由に話していけるよう、場数を踏むことです。

英語で質疑応答をすると伝道総合力が高まる

伝道における英語力を鍛えるには、質疑応答をすると戒を課すことです。質疑応答は総力戦です。双方向の真剣勝負のやり取りですから、何を聞かれるか分かりません。質問の内容の分野は、すべてです。質問に的確に答えられなかった場合、その正しい答えを用意して、次回は絶対に答えられるようにしようと勉強します。質問者に申し訳なかったと感じる分、学習にも熱が入ります。

第3章で紹介した英単語オリジナルノートは、実は私が講義や質疑応答を繰り返す中で、できてきたものです。すべて実戦で必要になったり分からなかったりした単語をノートに転記して作っています。

また質疑応答は、その場で答えるので、ライブ感が出ます。事前に準備したパワーポイント等を使ってやる講義よりも、双方向（two-way）ですしアドリブなので、極めてインスピレーショナル（inspirational）になって、講義よりも評判が良くなることが多いのです。質疑応答は、プレッシャーもありますし、度胸もいりますが、英語対機説法能力を高める大きな効果がありますので、積極的に行ってみたらよいと思います。

その意味で、一つの手本となるのが大川総裁の三男の大川裕太さんの『大川裕太のアメリカ英語武者修行』です。大川裕太さんは当時、15歳、高校1年でアメリカに渡って、現地の人たちとの英語座談会で質疑応答を行っています。それも、ニューヨーク、サンフランシスコ、ロサンゼルスという最難関の都市で行っているのです。

これは正直、衝撃でした。同時に、青少年にとってのみならず、我々の世代にとっても、「勇気の原理」となりました。いくら英語が得意だったとしても、ネイティブとの質疑応答は15歳でできるようなものではありません。国際本部の職員でも、事前に準備できる講義は何とかできても、質疑応答は尻込みします。セミナー参加者の前で恥をかくので、やりたくないのが本音でしょう。経験を積んでいても、相当なプレッシャーになる仕事です。それを高校1年で堂々とやり遂げたわけですから、大変な勇気であり実力です。しかし、実は、この質疑応答が英語力も含めた伝道総合力を高めるには一番効果的なのです。恐れずに、積極的に一般のネイティブたちの質問を受けていくべきです。

伝道師の生涯に学ぶ

国際伝道師としてのあり方を学ぶには、実際に活躍した偉人たちの生涯が参考になります。

過去、無尽灯の如く、数多くのキリスト教宣教師たちや経典を持った仏教徒たちが、その教えを世界各地へと伝えてきました。海を渡り、山を越えた彼らの心の中には、真理のもとで幸福に暮らす多くの人々の姿が浮かんでいたことでしょう。「伝えたいことがある。まだ見ぬ人々へも、この法を伝えたい。この幸福感を伝えたい。幸福への道を伝えたい」。その念いこそ彼らの本心であったのでしょう。そのミッションのために、数多くの真理の使徒がその身を投げ出してきました。

ミッション（mission）とは使命であり、ミッショナリー（missionary）とは、使命を遂行する者、使命そのものの存在であり、伝道師と訳されます。具体的な事例を紹介していきましょう。

パウロは「希望の原理」

私が最も惹かれるのはパウロです。

パウロは、よく知られているように、もともとは、ユダヤ教パリサイ派の熱心な青年であり、キリスト教徒たちを迫害していました。イエスの弟子のステファノを石打ちの刑にした首謀者でもあります。

ところが、有名な「ダマスコの回心」以降、「伝道の使徒」へと劇的に生まれ変わります。最大の迫害者が、最大の福音伝道者に変わったのです。

その後、パウロは、異邦人の間にキリストの福音を伝えることを使命として、地中海へと旅立ちます。いわゆる異邦人伝道で、今日の私たちが言う海外伝道にあたります。3回にわたる伝道旅行を行っています。地中海の沿岸各地に教会の基礎を築いていく軌跡は、迫害と異文化とのせめぎ合いの連続でありました。『新約聖書』の「使徒行伝《しとぎょうでん》」に詳しく述べられている通りです。

パウロは3カ国語（ユダヤの日常語であるアラム語、ギリシャ語、ヘブル語）を自由自在に話せ、教養のある知識人でした。マルコを通訳に使っていた漁師出身のペテロと違い、語学ができたことが、彼の伝道を随分助けました。いろいろな土地に伝道に行っては、その土地の人に分かる言葉で話すので、石をぶつける手が止まってしまうのでした。彼はローマの市民権も持っていたので、やがてローマ帝国の首都・ローマに向かいます。

生涯、伝道の念いが止《や》まなかったパウロは、スペイン語を学び、次はスペインに伝道する計画を立てていたようです。その我がパウロも、やがて、ローマで捕らえられ、斬首の刑で殉教します。牢屋で鎖につながれたパウロがテモテに宛てた手紙に、次のような言葉が残っています。

"The time is here for me to leave this world. I have fought the good fight. I have run the full distance, and I have kept the faith. And now, there is waiting for me the Crown of Victory."

「今、世を去るべき時は来たれり。我、善き戦いを戦い、走るべき道のりを果たし、信仰を保てり。後はただ、義の冠、我を待つのみ」

テモテへの手紙二4ノ6〜8

パウロの最期の言葉です。歴史上、どれほどのキリスト教宣教師たちが、この言葉に励まされたことでしょうか。私は大学生の頃にこの言葉に出会って、涙が止まらなくなりました。私も、このような感慨を胸に、生涯を終えたいと思ったものです。

イエスの愛の教えを、ギリシャ、ローマへと伝えたパウロの念いは、いかなるものであったのでしょうか。言い知れぬ苦労と忍耐があったのでしょうが、同時にまた測り知れぬ喜びが生まれたことでありましょう。

パウロその人が、ダマスコの回心を経て、キリスト教の世界宗教化の立役者に変じたことは、「希望の原理」そのものです。幸福の科学の教えに反対していた人が、回心（conversion）を経て、当会の熱烈な支援者になることはよくあります。反発や批判、時には罵詈讒謗《ばりざんぼう》を浴びせていた人が、一旦、真理を確信すると、別人のようになり、輝きを放ち始めるのです。日本国内でもよくあることですが、海外でも同じことが、よく起きています。回心して人は変わる。私たちは、その可能性に賭けねばなりません。

逆さ十字の刑で殉教したペテロ

パウロの同志であったペテロには、このような話が残っています。聖書には記されていませんが、古くからキリスト者の間で、現実にあったと伝わってきた逸話です。ポーランドの作家シェンキェーヴィチの代表作『クオ・ワディス』にも描かれています。

話は、ペテロやパウロたちが、ローマで非合法の宣教をしていた初期キリスト教の時代で、ネロ皇帝の治世下です。ローマには、今でも、地下をくりぬいたカタコンベ（地下墳墓《ふんぼ》）が、いくつか残っています。初期キリスト教徒たちが、迫害を避けて集まり祈った場所です。そこに埋葬もされていました。

当時、ローマの大火事があったのですが、ネロ皇帝は、キリスト教徒たちによる放火のせいだとし、それを機に彼らに対する大量虐殺が始まります。ペテロは、国外へ逃げてくれとの要請もあり、逡巡した後、ローマからの脱出を図ります。夜通し、アッピア街道を南へと急いでいると、明け方、向こうから、まばゆい光が近づいてきます。霊的存在になったイエスでありました。

思わずペテロは、「クオ・ヴァディス・ドミネ?」（主よ、どこへ行かれるのですか）と問いかけます。すると、イエスはこう答えたと伝えられています。

"If thou desert my people, I shall go to Rome to be crucified a second time."

「お前が私の民を捨てるなら、私がローマへ行き、もう一度十字架にかかろう」

ペテロは、この言葉を聴いて、翻然《ほんぜん》と自らの使命を悟ります。ローマに戻り、宣教を続け、やがて、逆さ十字の刑で殉教します。

ペテロが刑場に向かう途中、子供たちに向かって、「お前たちは、やがてキリストの僕《しもべ》になるであろう」と声をかけます。また、神殿を見て、「この神殿はやがてキリストの教会へと変わるであろう」と宣言します。そのペテロの夢は、さらに300年の苦難の時を経て、実現していくことになります。

アッピア街道でペテロがイエスと出会った場所の横には、今でも「クオ・ヴァディス教会」が建っています。

「愛に敵なし」を実践したザビエル

フランシスコ・ザビエルも、海外伝道師にとっては、憧れの人でしょう。

ザビエルは、インド、マラッカと伝道し、日本にキリスト教を伝えたイエズス会の宣教師です。

そのザビエルの感動的な言葉がサミュエル・スマイルズ（Samuel Smiles）の『自助論』（"*Self-Help; with Illustrations of Character and Conduct*"）に紹介されています。

"Whatever form of death or torture awaits me, I am ready to suffer it ten thousand times for the salvation of a single soul." (Francisco de Xavier)

「たとえいかなる死や苦業が待ち受けていようとも、一つの魂を救うためには、1万回でも、それを受ける覚悟がある」

「1万回」という数字を見て、私は絶句しました。ただ、このザビエルの言葉は、宗教者の使命は一人ひとりの魂を救うこと、天上界へと導いていくことであると私たちに教え、常に原点回帰させてくれます。

一人ひとりを大切にする。私も、世界各地を伝道で旅するにつれ、「一つひとつの命が、一人ひとりの人生が、神仏に愛されているかけがえのないものなのだ」ということを強く感じるようになりました。

伝道で失敗すると、つい落ち込みがちですが、「愛さん」とする念い、幸福にしたいという願いそのものが、私たち伝道者の喜びであり、誇りです。愛の念いが自信になります。愛の念いさえ自らの内に確認できれば、物怖じせず、恐れもせず、希望が持てるのです。

大川総裁の『伝道の心』には、次のような記述があります。

人々を愛するがゆえに真理を伝えんとする者にとって、
恐れはないのだということを、
あなたがたは知らなくてはならない
これを「愛に敵なし」という。

『伝道の心』58ページ

ザビエルをはじめ、パウロやペテロの伝道の情熱は、深い信仰と愛から来ていると感じます。

仏法のために身命を賭して日本に渡った鑑真《がんじん》

キリスト教伝道師3名の言葉を、国際伝道の精神として紹介しましたが、最後に、仏教の鑑真和上《がんじんわじょう》の言葉も紹介しておきたいと思います。

鑑真は失明しながら日本に渡ってきた唐の高僧です。当時、日本では、仏教の戒律を授ける資格を持つ僧を唐から招いて、日本の仏教界に正式な出家制度を確立しようとしていました。それで、2人の日本人僧侶が遣唐使船で唐に渡り、鑑真のもとを訪れ「高弟を遣わしてほしい」と懇願します。

鑑真は高弟たちを集め、「誰かこの遠請に応じて、日本国に向かひ、法を伝ふる者ありや」と呼びかけますが、誰も答えません。日本への航海は命がけで、百人に一人しかたどり着けないと言われていましたから、皆、躊躇《ちゅうちょ》しました。

その中で、鑑真は、次の言葉を言い放ったといいます。

「法のためなり、何ぞ身命を惜しまん。諸人《もろびと》ゆかずんば、我即ちゆかんのみ。」

鑑真はすでに55歳になっていましたから、まさしく不惜身命の決意と言えます。しかし、本当に大変だったのはそれからでした。5度にわたって、日本に渡ろうとしますが、渡航を妨害する動きがあったり、出航しても難破したりと、ことごとく失敗します。度重なる難事に、ついに鑑真は失明します。

それでも諦めずに6回目の渡航に挑戦し、ついに日本に来ることに成功します。はじめに決意してから12年が経ち、鑑真は67歳になっていました。以来、76歳で帰天（注5）するまで、律宗の開祖として、東大寺戒壇院で日本人たちに戒を授け続けました。

現代のパウロよ、出でよ

命を賭して海外伝道した偉人たちの言葉を紹介しました。彼らのみならず、私たち一人ひとりの「勇ましい生涯」もまた「後世への最大遺物」となりうるのでしょう。

このように、伝道師たちは、信仰と愛によって、その使命を遂行してきたのです。キリスト教徒や仏教徒の2000年、2500年の長い伝道の営みを想う時に、まさしく「愛の本質は持続であり忍耐である」（注6）ことを痛感します。神の愛、神の子としての愛のあり方を、彼らは体現しています。神仏の道具として使ってもらえることに幸福を感じていたのでしょう。

私は、今、現在進行形でなされている幸福の科学の海外伝道活動を見る時、彼らの生涯を想い、私たちはしみじみ幸福だと思います。世界各地で支部や精舎が建立され、多くの若者や子供たちが幸福の科学の教えを学んでいます。異なる宗教や文化の壁を乗り越えるには苦労も耐えないと思いますが、パウロやペテロたちの壮絶な生涯に比べれば、私たちの小さな困難など、どれほどのものでしょうか。

海外で伝道していると、様々なハードルやトラブルに遭います。しかし「無限の言葉『仏説・伝道経』」（注7）にも「万里《ばんり》の波濤《はとう》を乗り越えて　仏法の灯《ひ》を伝うべし」と説かれているように、一つの波を乗り越えても、次から次へと、波であるハードルは出てくると覚悟したほうがよいでしょう。

困難を恐れていたら、海外伝道などできません。ハードルは山のように出るでしょうが、智恵の力で、それに対応し、乗り越えてこそ、世界宗教への道なのです。海外でいろいろと問題が出てきたら、それは本格的に仕事をし始めたということの証であるというぐらいの割り切りが必要です。

今、幸福の科学において、世界各地で開拓伝道に励んでいる方々は、大きな使命を帯びて生まれてきた人たちです。それだけの苦難困難にも耐えられるだけの力と情熱を内包した強い魂です。現地でゼロから立ち上げるために必要となる創造的（creative）な開拓者精神を持っています。こうした国際伝道師たちを今後も続々と輩出させたいと考えています。

そこで私は、学園生や大学生たち、そして青年たちに対して、「現代のパウロよ、出でよ」と呼びかけたいと思うのです。というのも、大川総裁による霊言『パウロの信仰論・伝道論・幸福論』の中で、「現在、パウロが生まれ変わって、学園生のあたりに隠れているかもしれない。幸福の科学大学から、世界伝道に旅立つ方の中に、パウロがいるかもしれません」ということも言われているからです。パウロが現代に生きているなら、まさしく「地球神降臨という、この最高の福音（イイシラセ）を伝えずにおられようか」という情熱と希望に満ち満ちていることでしょう。

数多くのパウロを幸福の科学学園・大学から生み出していこうと計画していきます。大学でも、僧職者を育て、世界で活躍する伝道師たちを数限りなく輩出すべく、そのカリキュラムや育成プログラムを立てています。

特に幸福の科学大学は太平洋に面していますので、大海原《おおうなばら》を眺め、海外伝道の夢を大きくしてほしいと願っています。

（注1）『はじめての信仰生活』147ページ。

（注2）「法を知り、悟りに直面して流れる涙」を「法雨」と言う（『永遠の法』148ページ）。

（注3）エル・カンターレとは、仏陀と救世主の両方の使命と性質を持ち、地球系霊団における最高指導者として位置づけられる霊存在。その魂の一部は、かつてゴーダマ・シッダールタやヘルメスとして生まれた。今回、その本体が大川隆法として日本に生まれ、「この地球上に生きる、生きとし生けるものすべてを幸福にする」という使命を帯びて、幸福の科学を立宗した（『太陽の法』参照）。

（注4）『無限の愛とは何か』所収。

（注5）この世での人生を終えて天に帰ること。

（注6）『伝道論』71ページに、「愛とは持続であり、忍耐であり、また、あるときには寛容をともなう許しでもあります。なぜなら、愛はその本質において、『育てる』という傾向性を持っているからです」とある。

（注7）幸福の科学の根本経典『仏説・正心法語』所収。

第 6 章

未来を創るための英語力

科学とは神の世界を探究すること

第6章では、理系の分野で活躍する人を対象とした英語力について考えます。幸福の科学大学では未来産業学部という理系の学部もつくる予定です。

科学とは、「未知なるものの探究」です。科学とは、本来、神の世界を探究することです。なぜなら、神の世界とは、人間の認識力を超えた世界であり、人類にとっては未知の領域であるからです。したがって、神の世界を探究することこそ、「科学する心」にほかなりません。その意味で、宗教と科学は矛盾《むじゅん》するものではありません。

未知なるものの探究が科学的態度ですから、すべてが研究対象になっていきます。例えば、UFOであろうが、宇宙人であろうが、霊界であろうが、超能力や超常現象であろうが、探究すべき対象となります。オカルト的だからという理由だけで、研究しないというのは真の科学的態度ではありません。

「宇宙人の話は胡散臭《うさんくさ》い」と言う学者の方もいますが、最近、欧州宇宙機関が地球から観測できる銀河の数を7兆3750億に訂正し、新たに分かった観測できる「星の数」については300億兆個と報告していました。この気が遠くなるような広大な宇宙の中で、高等生物は地球人だけであり、宇宙人はいないと考える学者がいるなら、私はその知性を疑います。「本当ですか？　大丈夫ですか？」と問いかけたくなります。

一部の学者は、いろいろな事象や現象を「偶然そうなった」と説明しますが、偶然で説明するのは、一種の〝逃げ〟であり、学問的態度とは言えません。

例えば、地球から見た太陽と月の大きさは同じですが、その配置に、何らかの神の法則、神の御心があるだろうと考えるのが普通です。偶然そうなっただけでは、説明がつきません。それで納得できるなら、真の科学者ではないのでしょう。幸福の科学の宇宙人リーディング等によって、日本は、一挙に宇宙先進国に躍り出る可能性もあるのです。「UFO後進国日本の目を覚まさせる」必要があります。もちろん、学問として未成熟なものは、そのまま学生に教えることはできないでしょう。しかし、研究においては自由です。

幸福の科学大学では、この探究の姿勢を大切にしたいと考えています。

「信ずる」世界の中に「知る」世界がある

学問界では、分析的な「知」の世界を中心に扱っていますが、この「知」の世界は、「信」の世界に内包されています。すなわち、知ることのできる世界は、信じることのできる世界の中にあるのです。「信」は「知」を包含します。「信」と「知」は、そのような関係にあります。人類は、神を信じ、神を愛するが故に、その神が創られた世界を探究し研究し、様々な法則や原理を発見してきたのです。つまり「信の世界」を「知の世界」へと変えてきたのです。その発見した法則や原理は、神が創造し、有史以前から厳然と存在していたものであって、人類が新たに創造したわけではありません。人類の科学の進歩は、正しく、この「信の世界」を「知の世界」に置き換えてきた歴史なのです。大川隆法総裁の『伝道論』では次のように指摘されています。

分析的認識を超えた世界を広い意味で知ることが、実は信ずることなのです。信ずることを未開社会のものと考えるべきではありません。信ずるという行為は、人間の認識力において、知るという行為よりも大きな力を持っています。信ずることのできる世界のなかに、知ることのできる世界がある——そうした包含関係になっているのです。

「知る」ということは、地球の表面でいえば陸地のようなものです。陸地は、その上を歩いて実地に調べたり、木を植えたり、田畑として耕したりすることができます。「知る」という世界は、人間が簡単に調べることのできる部分なのです。
これに対して、「信ずる」という世界は、陸と海をふくむ地表全体に相当します。陸地だけでなく、偉大なる海、大洋をも包含するのが、「信ずる」という世界です。
すなわち、「信ずる」という世界がもともとすべてなのです。その「信ずる」という世界のなかに、「知る」という世界がつくられ、「知る」という世界がしだいに拡大してきている――それが現代の真実の姿です。

『伝道論』152-153ページ

実は、同様のことを、東大総長も務めたキリスト者である矢内原忠雄《やないはらただお》が『アウグスチヌス「告白」講義』の「開講の辞」で述べています。

広大なるかな宇宙、深遠なるかな真理。我ら齢《よわい》百を重ぬるも、その知り得るところはわずかに九牛の一毛のみ。しかれども宇宙を窮《きわ》め真理を探らんとする熱望の、五尺の体躯にあやしくも横溢するは何ぞや。これ神が宇宙の創造者、真理の根源であり、そうして我らはその神を信ずるが故ではないか。信仰は実に知識の基である。

『アウグスチヌス「告白」講義』

アインシュタインも次のように語っています。

"Science without religion is lame,
Religion without science is blind."

（宗教なき科学は不完全であり、科学なき宗教は盲目です。）

１９５４年に書かれた書簡より

信仰と知の関係について、大川総裁は、次のようにも指摘しています。

信仰と知は、ほんとうは対立するものではありません。知の下部の、この世的に役に立つ部分に限定された知と、信仰とが対立しているのであって、ほんとうの深い知と信仰とは対立しないのです。両者は一致していくものであり、むしろ、知が信仰を高め、信仰が知を高める部分があるのです。

『信仰のすすめ』157ページ

したがって、本当の科学者は、自分が探究しようとしているものが神の世界であることを十分に自覚しています。神を愛するからこそ、その神が創られた世界を探究したいと願うわけです。ニュートンも、アインシュタインも、エジソンも、神を深く信じていました。第2章でもニュートンの言葉を紹介しましたが、ニュートンは、もっと直接的に「神の叡智は、創造の業の中に現れている」とも述べています。

最先端の科学を研究するには英語は必須

日本では、「神の創られた世界を探究する」という言い方は、まだ馴染《なじ》まないところがあります。しかし、理論物理学者のリサ・ランドール博士などは五次元や異次元の存在を指摘していますし、同じく理論物理学者のミチオ・カク博士は、パラレルワールドや11次元世界、タイムトラベル、さらには宇宙人の存在について言及しています。

こうした欧米の最先端の研究を学び、彼らと交流し切磋琢磨するには、やはり英語力が必要となります。自らの研究成果を世界に発信するにも英語が必須です。

昨今、話題になったＳＴＡＰ細胞も、取り下げられたものの、海外の権威ある学術誌である「ネイチャー（Nature）」に英文で発表されたものです。

これからの科学は、世界の最先端を行く研究者たちとの交流や共同研究によって発明や発見を積み重ねていくことになるでしょうから、英語ができなければ、まともな研究はできないと言えます。

幸福の科学大学が目指す新しい科学技術

幸福の科学では、その教えの中に、未来の科学や技術に関するヒントが数多く含まれています。例えば『黄金の法』には、「未来史」として、「反重力制御装置」や『霊界との通信機械」「海底都市」「テレポーテーション」「タイムマシン」といった科学技術の出現が説かれています。また、昔のアトランティス大陸やムー大陸において、人類が享受していた科学文明についても言及されています。

現段階では、こうした話はトンデモ科学やオカルト話で片づけられてしまうかもしれません。しかし、帰納法的に、目に見える材料だけを集めて研究するだけでなく、演繹法的《えんえきほう》に与えられている啓示を研究することで大きな発見を成し遂げる可能性は否定できないはずです。現在の航空技術やＩＴ技術でも、２００年前にその構想を話したら、トンデモ科学だと言われたことでしょう。現在のトンデモ科学が、とんでもない未来を拓く可能性があるのです。その意味で、人間が心の中に思い描くことのできるアイデアは、すべて実現できる可能性があると考え、真摯な姿勢で偏見を排して研究していくことが大事です。ノーベル賞を超えるような発明や発見が相次ぐでしょう。

かつて哲学者のカール・ポパーは、『開かれた社会とその敵』で、霊的世界を語るプラトンが、蒙昧《もうまい》主義の中に人間を閉じ込めたとして批判しました。現在の学問界でよく言われる「反証可能性」も、ポパーが唱導した概念です。しかし、大川総裁が、「合理主義の名の下に、人間を閉じた世界に導いているのがポパーであり、その逆に、開いた社会へと導いているのがプラトン」（『黄金の法』75 - 76

ページ）と指摘しているように、この世の世界だけに拘泥《こうでい》する学問態度のほうこそ〝閉じた世界〟です。

幸福の科学大学では、宗教系の大学であることの特徴を生かして、霊界科学や信仰の科学、心の科学を探究していく予定です。大学の中心にピラミッド型の礼拝堂を建てるのも、インスピレーションを受ける霊的磁場をつくることで、研究の後押しをする狙いがあるからです。大学は大きな宗教的霊場ともなるでしょう。霊的世界は、新しい智慧、アイデア、理論、法則、原理、新技術や方法論の宝庫です。それらを受け取り、この世的に翻訳するには、現在の最先端の知識が必要です。しかし、まず、それら霊界の智慧を受け取るためには、あの世があり、それを降ろそうとしている霊人の存在を信じなければ、受け取ることはできません。そもそも、その世界に対して、クローズであれば、信じていなければ、受け取れないということです。信仰に目覚めた新しい科学者たちが、幸福の科学大学で、それらを受け取ることになるでしょう。それは新しい文明を創る大きな力になっていくはずです。

あとがき

本書の出版に際して、大川隆法・幸福の科学グループ創始者兼総裁の日々のご指導に改めて感謝いたします。

大川総裁の英語関連の教材だけで、おそらく200冊近くに及ぶでしょう。英語の必要性、勉強方法、実戦での使い方、間違いやすい点等々、様々な観点から、ご自身の経験も踏まえて、述べられています。その論点をたくさんお伝えしたいと思いましたが、特に私の印象に残った部分を中心に、本書では引用しています。

私は、それらを読むたびに、「そう、そう、そうなんだよなぁ」と、自分自身の苦労と喜びが思い出されて、何度も頷いていました。

本書でも述べましたように、英語との出会いは、私の人生を、とても豊かなものに変えてくれました。英語の観点から、自らの人生を振り返ってみて、改めて、その感を強くしています。

同時に、それ以上に、主エル・カンターレ・大川隆法総裁との出会いがなければ、私のこれまでの人生の輝きはなかったであろうとも感じています。主と出会い、主の法と出会い、私は、真実の幸福を与えられました。

仏法真理に出会わなければ、私たちは盲目的に生きているようなものです。「なぜ、生きているのか、何のために生きるのか」が分からないままに、言いようのない焦燥感の中で苦しみます。一生懸命に生きてきた人生ではあったかもしれないけれど、この世限りの価値観の中で、様々なことに悩み、「本当の幸福とは何か」を思い巡らせます。そして真実の法との出会いが人生の転機となります。永遠の生命を知り、真実の霊的世界観を知った時、至福の光に包まれ、「もう、迷わなくていい。この法で自らを磨いていける」との安堵感が心に染み渡っていくのです。

その感慨は、2500年前に、仏弟子たちが、仏陀釈尊に出会った時に「この方をおいて、我が永遠の師なし。この方の法をおいて、我が寄る辺なし」と思ったのと同じでありましょう。

やがて私たちは皆、あの世に赴くこととなります。今世の命を全うし、今、旅立たんとする時、私たちの心を巡るものは何でしょうか。主と共に、仲間と共に、光ある時を生きたという事実が、最大の喜びとなるでしょう。

主エル・カンターレと共にあった人生。全転生の中で最も光輝く生涯。最も美しい思い出。一人でも多くの人と、その思い出を分かち合いたいと願ってやみません。

最後に、パウロにならい、皆さんへのメッセージを送ります。

The grace of our supreme Lord El Cantare be always with you all.

主エル・カンターレの恵み、常に、皆様と共に、あらんことを。

木村智重

2014年8月24日

巻末資料Ａ　英語学習のための参考書籍

大川隆法『英語が開く「人生論」「仕事論」』（幸福の科学出版）
大川隆法『プロフェッショナルとしての国際ビジネスマンの条件』（幸福の科学出版）
大川隆法『大川総裁の読書力』（幸福の科学出版）
大川隆法『ＴＯＥＩＣを受験する人たちへ』（幸福の科学）
大川隆法『英語界の巨人・斎藤秀三郎が伝授する 英語達人への道』（幸福の科学出版）
大川隆法『渡部昇一流・潜在意識成功法』（幸福の科学出版）
大川隆法『核か、反核か――社会学者・清水幾太郎の霊言――』（幸福の科学出版）
大川隆法編著『実戦英語伝道入門』（幸福の科学）
大川隆法・大川咲也加・大川裕太『大川裕太のアメリカ英語武者修行』（幸福の科学）
斎藤兆史『英語達人列伝』（中公新書）
原仙作＋中原道喜『英文問題標準精講』（旺文社）

巻末資料B　主要参考文献

1．大川隆法総裁の著作

【理論書】

大川隆法．（2011）．幸福の科学学園の未来型教育．幸福の科学出版．

――――．（2011）．真のエリートを目指して．幸福の科学出版．

――――．（2014）．究極の国家成長戦略としての「幸福の科学大学の挑戦」．幸福の科学出版．

――――．（2007）．青春の原点．幸福の科学出版．

――――．（2012）．英語が開く「人生論」「仕事論」．幸福の科学出版．

――――．（2001）．愛の原点．幸福の科学出版．

――――．（1995）．常勝思考．幸福の科学出版．

――．(2006)．霊界散歩．幸福の科学出版．
――．(2013)．大川総裁の読書力．幸福の科学出版．
――．(2011)．不況に打ち克つ仕事法．幸福の科学出版．
――．(2011)．太陽の法．幸福の科学出版．
――．(1997)．永遠の法．幸福の科学出版．
――．(2000)．無限の愛とは何か．幸福の科学出版．
――．(2012)．愛、無限．幸福の科学出版．
――．(2005)．信仰のすすめ．幸福の科学出版．
――．(2011)．黄金の法．幸福の科学出版．
――．(2014)．パウロの信仰論・伝道論・幸福論．幸福の科学出版．
――．(2011)．TOEICを受験する人たちへ．幸福の科学．
――．(2011)．幸福の科学学園の目指すもの．幸福の科学．
――．(2011)．はじめての信仰生活．幸福の科学．

――――：（２００３）：伝道の心：幸福の科学．

――――：（１９９８）：伝道論：幸福の科学．

――――：（２０１２）：救国の志：ＨＳ政経塾．


【霊言】


大川隆法：（２０１２）：核か、反核か―社会学者・清水幾太郎の霊言―：幸福の科学出版．

――――：（２０１３）：イエス・キリストに聞く「同性婚問題」：幸福の科学出版．

――――：（２０１３）：天照大神の未来記：幸福の科学出版．


【編著】


大川隆法：（２０１２-２０１３）：黒帯英語への道①-⑩：幸福の科学．

――――：（２０１３）：黒帯英語初段①-⑩：幸福の科学．

――――：（２０１３-２０１４）：黒帯英語二段①-⑩：幸福の科学．

――――：（２０１４）：黒帯英語三段：①-⑥：幸福の科学．

――――：（２００９）：実戦英語伝道入門：幸福の科学．

【共著】

大川隆法＋大川咲也加．（2011）．父と娘のハッピー対談 未来をひらく教育論．幸福の科学出版．

大川隆法＋大川咲也加＋大川裕太．（2011）．大川裕太のアメリカ英語武者修行．幸福の科学．

2．その他の文献
原仙作＋中原道喜．（1999）．英文標準問題精講．旺文社．

江川泰一郎．（1983）．英文法問題の考え方．文一総合出版．

毛利良雄．（1978）．英作文の公式と用語．研究社．

森一郎．（1997）．試験にでる英単語．青春新書．

森一郎．（1997）．試験にでる英熟語．青春新書．

佐藤智恵．（2013）．世界最高MBAの授業．東洋経済新報社．

古屋安雄．（1993）．大学の神学．ヨルダン社．

ドラッカー，P・F．（1991）．非営利組織の経営．ダイヤモンド社．

ドラッカー，P・F．（2007）．イノベーションと企業家精神．ダイヤモンド社．

日本聖書協会．（2010）．舊新約聖書　文語訳．日本聖書協会．

ヴェーバー，マックス．（1989）．プロテスタンティズムの倫理と資本主義の精神〔大塚久雄　訳〕．岩波文庫．

清水幾太郎．（1972）．本はどう読むか．講談社現代新書．

平泉渉＋渡部昇一．（1995）．英語教育大論争．文春文庫．

川端康成．（2006）．雪国．新潮文庫．

ヘーゲル，G・W・F．（1998）精神現象学．〔長谷川宏　訳〕．作品社．

フロリダ，リチャード．（2008）．クリエイティブ資本論．〔井口典夫　訳〕．ダイヤモンド社．

新渡戸稲造．（1938）．武士道．〔矢内原忠雄　訳〕．岩波文庫．

新渡戸稲造．（2004）．NITOBE武士道を英語で読む．宝島社．

岡倉覚三．（1961）．茶の本．〔村岡博　訳〕．岩波文庫．

斎藤兆史．（2000）．英語達人列伝．中公新書．

HSエディターズ・グループ編．（2011）．伝道師．幸福の科学出版．

矢内原忠雄．（1949）．続　余の尊敬する人物．岩波新書．

シェンキェーヴィチ．（1995）．クオ・ワディス（上・中・下）．〔木村彰一　訳〕．岩波文庫．

スマイルズ，サミュエル．（2009）．自助論（上）．〔中村正直　訳／渡部昇一・宮地久子
現代語訳〕．幸福の科学出版．

内村鑑三．（2011）．後世への最大遺物・デンマルク国の話．岩波文庫．

矢内原忠雄．（1993）．アウグスチヌス〔告白〕講義．講談社学術文庫．

中島繁雄．（1993）．日本の名僧100人．河出文庫．

HSエディターズ・グループ編．（2011）．偉人たちの告白．幸福の科学出版．

ランドール，リサ＋若田光一．（2007）．異次元は存在する．日本放送出版協会．

カク，ミチオ．（2006）．パラレルワールド．日本放送出版協会．

ポパー，カール・R.（1980）．開かれた社会とその敵 第一部プラトンの呪文.（内田詔夫＋小河原誠 訳）．未来社．

著者＝ 木村智重（きむら・ともしげ）

1958年大阪府生まれ。京都大学法学部卒。1985年、米エール大学経営大学院修了（MBA）。東洋信託銀行（現三菱UFJ信託銀行）ニューヨーク支店などに勤務。1994年、幸福の科学に奉職。世界伝道講師、国際本部長、理事長などを経て、幸福の科学学園理事長（現職）。

実戦英語仕事学

2014年8月29日　初版第1刷

著　者　木村 智重
発行者　本地川 瑞祥
発行所　幸福の科学出版株式会社
〒107-0052　東京都港区赤坂2丁目10番14号
TEL（03）5573-7700
http://www.irhpress.co.jp/

印刷・製本　株式会社 堀内印刷所

落丁・乱丁本はおとりかえいたします

ISBN978-4-86395-535-6 C0030

大川隆法ベストセラーズ・最新刊　幸福の科学大学の精神

宗教社会学概論

人生と死後の幸福学

平和と繁栄の世界をつくるには、"宗教的教養"が必要だ。なぜ民族紛争や宗教対立が生まれるのか？　宗教間の違いと、その奥にある共通点を明らかに。

1,500円

新しき大学の理念

「幸福の科学大学」がめざす
ニュー・フロンティア

2015年開学予定の「幸福の科学大学」。日本の大学教育に新風を吹き込む「新時代の教育理念」とは？　創立者・大川隆法が、そのビジョンを語る。

1,400円

究極の国家成長戦略としての「幸福の科学大学の挑戦」

大川隆法 vs. 木村智重・九鬼一・黒川白雲

「世界の人びとを幸福にする」学問を探究し、人類の未来に貢献する人材を輩出する——見識豊かな大学人の挑戦がはじまった！

1,500円

大学の未来が見える。幸福の科学大学総長・九鬼一著作

新しき大学とミッション経営

出版不況のなか、2年間で売上5割増、経常利益2.7倍を成し遂げた著者が語るミッション経営の極意。経営を成功させるための「心」の使い方を明かす。

1,200円

幸福の科学大学の目指すもの

ザ・フロンティア・スピリット

既存の大学に対する学生の素朴な疑問、経営成功学部とMBAの違い、学問の奥にある「神の発明」など、学問の常識を新しくする論点が満載。

1,200円

大学教育における信仰の役割

宗教教育だからこそ、努力を惜しまない有用な人材を育てることができる。著者と4人の学生が、未来を拓く教育について熱く議論を交わした、座談会を収録。

1,200円

幸福の科学出版

入会のご案内

あなたも、幸福の科学に集い、
ほんとうの幸福を
見つけてみませんか？

幸福の科学では、大川隆法総裁が説く仏法真理をもとに、
「どうすれば幸福になれるのか、また、
他の人を幸福にできるのか」を学び、実践しています。

入会

大川隆法総裁の教えを信じ、学ぼうとする方なら、どなたでも入会できます。入会された方には、『入会版「正心法語」』が授与されます。（入会の奉納は1,000円目安です）

ネットでも**入会**
できます。詳しくは、
下記URLへ。
happy-science.jp/joinus

三帰《さんき》誓願《せいがん》

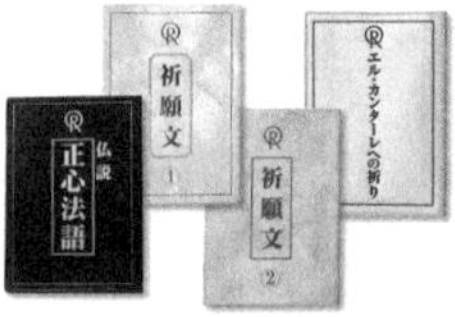

仏弟子としてさらに信仰を深めたい方は、仏・法・僧の三宝への帰依を誓う「三帰誓願式」を受けることができます。三帰誓願者には、『仏説・正心法語』『祈願文①』『祈願文②』『エル・カンターレへの祈り』が授与されます。

植福《しょくふく》の会

植福は、ユートピア建設のために、自分の富を差し出す尊い布施の行為です。布施の機会として、毎月1口1,000円からお申込みいただける、「植福の会」がございます。

「植福の会」に参加された方のうちご希望の方には、幸福の科学の小冊子（毎月1回）をお送りいたします。
詳しくは、下記の電話番号までお問い合わせください。

月刊
「幸福の科学」

ザ・伝道

ヤング・ブッダ

ヘルメス・
エンゼルズ

INFORMATION

幸福の科学サービスセンター
TEL. 03-5793-1727（受付時間 火〜金：10〜20時／土・日：10〜18時）
宗教法人 幸福の科学 公式サイト **happy-science.jp**